—— 慢慢走,欣赏啊! ——

【精装典藏版】

国民阅读经典 / 美学大师朱光潜经典作品

谈　美

朱光潜 / 著
Zhu Guangqian Works

图书在版编目（CIP）数据

谈美 / 朱光潜著 . — 太原：山西人民出版社，2019.4
ISBN 978-7-203-10693-7

Ⅰ.①谈… Ⅱ.①朱… Ⅲ.①美学 Ⅳ.① B83

中国版本图书馆 CIP 数据核字（2018）第 296008 号

谈　美

著　　者：朱光潜
责任编辑：郝文霞
复　　审：傅晓红
终　　审：阎卫斌
装帧设计：刘明彬

出 版 者：山西出版传媒集团·山西人民出版社
地　　址：太原市建设南路 21 号
邮　　编：030012
发行营销：0351-4922220　4955996　4956039　4922127（传真）
天猫官网：http://sxrmcbs.tmall.com　电话：0351-4922159
E-mail：sxskcb@163.com 发行部
　　　　　sxskcb@126.com 总编室
网　　址：www.sxskcb.com

经 销 者：山西出版传媒集团·山西人民出版社
承 印 厂：三河市天润建兴印务有限公司

开　　本：890mm×1240mm　1/32
印　　张：9
字　　数：180 千字
印　　数：1—5000 册
版　　次：2019 年 4 月第 1 版
印　　次：2019 年 4 月第 1 次印刷
书　　号：ISBN 978-7-203-10693-7
定　　价：38.00 元

如有印装质量问题请与本社联系调换

作者简介

朱光潜（1897—1986），笔名孟实，安徽桐城人，著名的美学家。1903年开始接受传统的私塾教育，能背"四书五经"及《古文观止》《唐诗三百首》，读过《史记》《通鉴辑览》；1918年入武昌高等师范中文系读书；1919年经考试被选送到香港大学文学院深造；1925年入英国爱丁堡大学，获硕士学位；1931年入德国斯特拉斯堡大学，获博士学位，其间写就《悲剧心理学》《文艺心理学》《诗论》《谈美》；1933年回国，任北京大学教授；1937年任四川大学教授；1938年任武汉大学教授；1946年重返北京大学担任教授；1949年北平解放，继续留任北京大学教授；1956年译出柏拉图《文艺对话集》；1959年译出黑格尔《美学》（第1卷）；1963年《西方美学史》出版；1970年续译黑格尔《美学》（第2、3卷）；1977年译出莱辛《拉奥孔》；1978年译出爱克曼的《歌德谈话录》；1980年出版《谈美书简》和《美学拾穗集》；1983年译出维柯的《新科学》；1986年3月6日逝世，终年89岁。

目　录

谈　美

序（朱自清）/3

开场话 /7

一　我们对于一棵古松的三种态度
　　　　——实用的、科学的、美感的 /13

二　当局者迷，旁观者清
　　　　——艺术和实际人生的距离 /23

三　子非鱼，安知鱼之乐？
　　　　——宇宙的人情化 /35

四　希腊女神的雕像和血色鲜丽的英国姑娘
　　　　——美感与快感 /45

五　记得绿罗裙，处处怜芳草
　　　　——美感与联想 /55

六　灵魂在杰作中的冒险
　　　　——考证、批评与欣赏 /65

七　情人眼底出西施
　　——美与自然 /75

八　依样画葫芦
　　——写实主义和理想主义的错误 /85

九　大人者不失其赤子之心
　　——艺术与游戏 /95

十　空中楼阁
　　——创造的想象 /105

十一　超以象外，得其环中
　　——创造与情感 /115

十二　"从心所欲，不逾矩"
　　——创造与格律 /125

十三　不似则失其所以为诗，似则失其所以为我
　　——创造与模仿 /135

十四　读书破万卷，下笔如有神
　　——天才与灵感 /145

十五　慢慢走，欣赏啊！
　　——人生的艺术化 /155

谈读书

我与文学 /169

诗的主观与客观 /175

王静安的《浣溪沙》/181

读李义山的《锦瑟》/187

与梁实秋先生论"文学的美"/193

《望舒诗稿》/205

读《论骂人文章》/213

研究诗歌的方法 /219

谈文学选本 /229

谈中西爱情诗 /237

怎样学习中国古典诗词 /245

但丁的《论俗语》/253

朱光潜的座右铭 /265

朱光潜的三十条人生箴言 /269

谈　美

序

朱自清

新文化运动以来，文艺理论的介绍各新杂志上常常看见；就中自以关于文学的为主，别的偶然一现而已。同时各杂志的插图却不断地复印西洋名画，不分时代，不论派别，大都凭编辑或他们朋友的嗜好。也有选印雕像的，但比较少。他们有时给这些名作来一点儿说明，但不说明的时候多。青年们往往将杂志当水火，当饭菜；他们从这里得着美学的知识，正如从这里得着许多别的知识一样。他们也往往应用这点知识去欣赏、去批评别人的作品，去创造自己的。不少的诗文和绘画就如此形成。但这种东鳞西爪积累起来的知识只是"杂拌儿"——赶不上"杂拌儿"，因为"杂拌儿"总算应有尽有，而这种知识不然。应用起来自然是够苦的，够张罗的。

从这种凌乱的知识里，得不着清清楚楚的美感观念。徘徊于美感与快感之间，考据批评与欣赏之间，自然美与艺术美之间，时常自己冲突，自己烦恼，而不知道怎样去解那连环。又如写实主义与理想主义就像是难分难解的一对冤家，公说公有理，婆说婆有理，各有一套天花乱坠的话。你有时乐意听这一造的，有时乐意听那一造的，好教你左右做人难！还有近年来习用的"主观的""客观的"两个名词，也不只一回"缠夹二先生"。因此许多青年腻味了，索性一切不管，只抱着一条道理，"有文艺的嗜好就可以谈文艺"。这是"以不了了之"，究竟"谈"不出什么来。留心文艺的青年，除这等难处外，怕更有一个切身的问题等着解决的。新文化是"外国的影响"，自然不错；但说一般青年不留余地地鄙弃旧的文学艺术，却非真理。他们觉得单是旧的"注""话""评""品"等不够透彻，必须放在新的光里看才行。但他们的力量不够应用新知识到旧材料上去，于是只好搁浅，并非他们愿意如此。

　　这部小书便是帮助你走出这些迷路的。它让你将那些杂牌军队改编为正式军队；裁汰冗弱，补充械弹，所谓的"兵在精而不在多"。其次指给你一些简捷不绕弯的道路让你走上前去，不至于彷徨在大野里，也不至于彷徨在牛角尖里。其次它告诉你怎样在咱们的旧环境中应用新战术；它自然只能给你一两个例子看，让你可以举一反三。它矫正你的错误，针砭你的缺失，鼓励你走向前去。作者是你的熟人，他曾

写给你十二封信;他的态度的亲切和谈话的风趣,你是不会忘记的。在这书里他的希望是很大的,他说:

> 悠悠的过去只是一片漆黑的天空,我们所以还能认识出来这漆黑的天空者,全赖思想家和艺术家所散布的几点星光。朋友,让我们珍重这几点星光!让我们也努力散布几点星光去照耀那和过去一般漆黑的未来。(第一章)

这却不是大而无当、远不可及的例话;他散布希望在每一个心里,让你相信你所能做的比你想你所能做的多。他告诉你美并不是天上掉下来的;它一半在物,一半在你,在你的手里,"一首诗的生命不是作者一个人所能维持住,也要读者帮忙才行。读者的想象和情感是生生不息的,一首诗的生命也就是生生不息的,它并非是一成不变的。"(第九章)"情感是生生不息的,意象也是生生不息的。即景可以生情,因情也可以生景。所以诗是做不尽的。诗是生命的表现。说诗已经做穷了,就不啻说生命已到了末日。"(第十一章)这便是"欣赏之中都寓有创造,创造之中也都寓有欣赏";(第九章)是精粹的理解,同时结结实实地鼓励你。

孟实先生还写了一部大书——《文艺心理学》。但这本小册子并非节略，它自成一个完整的有机体，有些地方是那部大书所不详的，有些是那里面没有的。"人生的艺术化"一章是著名的例子，这是孟实先生自己最重要的理论。他分人生为广狭两义：艺术虽与"实际人生"有距离，与"整个人生"却并无隔阂。"因为艺术是情趣的表现，而情趣的根源就在人生。反之，离开艺术也便无所谓人生；因为凡是创造和欣赏都是艺术的活动"。他说："生活上的艺术家也不但能认真，而且能摆脱。在认真时见出他的严肃，在摆脱时见出他的豁达。"又引西方哲人之说"至高的美在无所为而为的玩索"，以为这"还是一种美"。又说："一切哲学系统也都只能当作艺术作品去看。"又说："真理在离开实用而成为情趣中心时，就已经是美感的对象了……所以科学的活动也还是一种艺术的活动。"这样真、善、美便成了三位一体了。孟实先生引读者由艺术走入人生，又将人生纳入艺术之中。这种"宏远的眼界和豁达的胸襟"，值得学者深思。文艺理论当有以观其会通；局于一方一隅，是不会有真知灼见的。

一九三二年四月，伦敦

开场话

朋友：

　　从写十二封信给你之后，我已经歇了三年没有和你通消息了。你也许怪我疏懒，也许忘记几年前的一位老友了，但是我仍是时时挂念你。在这几年之内，国内经过许多不幸的事变，刺耳痛心的新闻不断地传到我这里来。听说我的青年朋友之中，有些人已遭惨死，有些人已因天灾人祸而废学，有些人已经拥有高官厚禄或是正在"忙"高官厚禄。这些消息使我比听到日本出兵东三省和轰炸淞沪时更伤心。在这种时候，我总是提心吊胆地念着你。你还是在惨死者之列呢，还是已经由党而官、奔走于大人先生之门而洋洋自得呢？

　　在这些提心吊胆的时候，我常想写点什么寄慰你。我本有许多话要说而终于缄默到现在者，也并非完全由于疏懒。在我的脑际盘旋的实际问题都很复杂错乱，它们所引起的感想也因而复杂错乱。<u>现在青年不应该再有复杂错乱的心境了。他们所需要的不是一盆八宝饭而是一帖清凉散。</u>

想来想去，我决定来和你谈美。

谈美！这话太突如其来了！在这个危急存亡的年头，我还有心肝来"谈风月"么？是的，我现在谈美，正因为时机实在是太紧迫了。朋友，你知道，我是一个旧时代的人，流落在这纷纭扰攘的新时代里面，虽然也出过一番力来领略新时代的思想和情趣，仍然不免抱有许多旧时代的信仰。我坚信中国社会闹得如此之糟，不完全是制度的问题，大半是由于人心太坏。我坚信情感比理智重要，要洗刷人心，并非几句道德家言所可了事，一定要从"怡情养性"做起，一定要于饱食暖衣、高官厚禄等等之外，别有较高尚、较纯洁的企求。要求人心净化，先要求人生美化。

人要有出世的精神才可以做入世的事业。现世只是一个密密无缝的利害网，一般人不能跳脱这个圈套，所以转来转去，仍是被利害两个大字系住。在利害关系方面，人已最不容易调协，人人都把自己放在首位，欺诈、凌虐、劫夺种种罪孽都种根于此。美感的世界纯粹是意象世界，超乎利害关系而独立。在创造或是欣赏艺术时，人都是从有利害关系的实用世界搬家到绝无利害关系的理想世界里去。艺术的活动是"无所为而为"的。我以为无论是讲学问或是做事业的人都要抱有一副"无所为而为"的精神，把自己所做的学问事业当作一件艺术品看待，只求满足理想和情趣，不斤斤于利害得失，才可以有一番真正的成就。伟大的事业都出于宏远的眼界和豁达的胸襟。如果这两层不讲究，社会上多一个讲政治经济的人，便是多一个借党忙官的人；这种人愈多，社会愈趋于腐浊。现在一帮借党忙官的政治学者和经济学者以及冒牌的哲学家和科学家所给人的印象只要一句话就说尽了——"俗不可耐"。

　　人心之坏，由于"未能免俗"。什么叫作"俗"？这无非是像蛆钻粪似地求温饱，不能以"无所为而为"的精神做高尚纯洁的企求；总而言之，"俗"无非是缺乏美感的修养。

　　在这封信里我只有一个很单纯的目的，就是研究如何"免俗"。这事本来关系各人的性分，不易以言语晓喻，我自己也还是一个"未能免俗"的人，但是我时常领略到能免俗的趣味，这大半是在玩味一首诗、一幅画或是一片自然风景的时候。我能领略到这种趣味，自信颇得力于美学的研究。在这封信里我就想把这一点心得介绍给你。假若你看过之后，看到一首诗、一幅画或是一片自然风景的时候，比较从前感觉到较浓厚的趣味，懂得像什么样的经验才是美感的，然后再以美感的态度推到人生世相方面去，我的心愿就算达到了。

　　在写这封信之前，我曾经费过一年的光阴写了一部《文艺心理学》。这里所说的话大半在那里已经说过，我何必又多此一举呢？在那部书里我向专门研究美学的人说话，免不了引经据典，带有几分掉书囊的气味；在这里我只是向一位亲密的朋友随便谈谈，竭力求明白晓畅。在写《文艺心理学》时，我要先看几十部书才敢下笔写一章；在写这封信时，我和平时写信给我的弟弟妹妹一样，面前一张纸，手里一管笔，想到什么便写什么，什么书也不去翻看，我所说的话都是你所能了解的，但是我不敢勉强要你全盘接受。这是一条思路，你应该趁着这条路自己去想。一切事物都有几种看法，我所说的只是一种看法，你不妨有你自己的看法。我希望你把你自己所想到的写一封回信给我。

一 我们对于一棵古松的三种态度

——实用的、科学的、美感的

　　我刚才说，一切事物都有几种看法。你说一件事物是美的或是丑的，这也只是一种看法。换一个看法，你说它是真的或是假的；再换一种看法，你说它是善的或是恶的。同是一件事物，看法有多种，所看出来的现象也就有多种。

　　比如园里那一棵古松，无论是你是我或是任何人一看到它，都说它是古松。但是你从正面看，我从侧面看，你以幼年人的心境去看，我以中年人的心境去看，<u>这些情境和性格的差异都能影响到所看到的古松的面目</u>。古松虽只是一件事物，你所看到的和我所看到的古松却是两件事。假如你和我各把所得的古松的印象画成一幅画或是写成一首诗，我们俩艺术手腕尽管不分上下，你的诗和画与我的诗和画相比较，却有许多重要的异点。这是什么缘故呢？这就由于知觉不完全是客观的，各人所见到的物的形象都带有几分主观的色彩。

　　假如你是一位木商，我是一位植物学家，另外一位朋友是画家，三人同时来看这棵古松。我们三人可以说同时都"知觉"到这一棵树，可是三人所"知觉"到的却是三种不同的东西。你脱离不了你的木商的心习，你所知觉到的只是一棵做某事用值几多钱的木料。我也脱离不了我的植物学家的心习，我所知觉到的只是一棵叶为针状、果为球状、四季常青的显花植物。我们的画家朋友什么事都不管，只管审美，他所知觉到的只是一棵苍翠劲拔的古树。我们三人的反应态度也不一致。你心里盘算它是宜于架屋或是制器，思量怎样去买它，砍它，运它。我把它归到某类某科里去，注意它和其他松树的异点，思量它何以活得这样老。我们的朋友却不这样东想西想，他只在聚精会神地观赏它的苍翠的颜色，它的盘屈如龙蛇的线纹以及它的昂然高举、不受屈挠的气概。

从此可知这棵古松并不是一件固定的东西，它的形象随观者的性格和情趣而变化。各人所见到的古松的形象都是各人自己性格和情趣的返照。古松的形象一半是天生的，一半也是人为的。极平常的知觉都带有几分创造性，极客观的东西之中都有几分主观的成分。

美也是如此。有审美的眼睛才能见到美。这棵古松对于我们的画画的朋友是美的，因为他去看它时就抱了美感的态度。你和我如果也想见到它的美，你须得把你那种木商的实用的态度丢开，我须得把植物学家的科学的态度丢开，专持美感的态度去看它。

这三种态度有什么分别呢？

先说实用的态度。做人的第一件大事就是维持生活。既要生活，就要讲究如何利用环境。"环境"包含我自己以外的一切人和物在内，这些人和物有些对于我的生活有益，有些对于我的生活有害，有些对于我不关痛痒。我对于他们于是有爱恶的情感，有趋就或逃避的意志和活动。这就是实用的态度。实用的态度起于实用的知觉，实用的知觉起于经验。小孩子初出世，第一次遇见火就伸手去抓，被它烧痛了，以后他再遇见火，便认识它是什么东西，便明了它是烧痛手指的，火对于他于是有意义。事物本来都是很混乱的，人为便利实用起见，才像被火烧过的小孩子根据经验把四围事物分类立名，说天天吃的东西叫作"饭"，天天穿的东西叫作"衣"，某种人是朋友，某种人是仇敌，于是事物才有所谓的"意义"。意义大半都起于实用。在许多人看来，衣除了是穿的，饭除了是吃的，女人除了是生小孩的一类意义之外，便寻不出其他意义。所谓的"知觉"，就是感官接触某种人或物时心里明了他的意义。明了他的意义起初都只是明了他的实用。明了实用之后，才可以对他起反应动作，或是爱他，或是恶他，或是求他，或是拒他。木商看古松的态度便是如此。

科学的态度则不然。它纯粹是客观的、理论的。所谓客观的态度就是把自己的成见和情感完全丢开，专以"无所为而为"的精神去探求真理。理论是和实用相对的。理论本来可以见诸实用，但是科学家的直接目的却不在于实用。科学家见到一个美人，不说我要去向她求婚，她可以替我生儿子，只说我看她这人很有趣味，我要来研究她的生理构造，分析她的心理组织。科学家见到一堆粪，不说它的气味太坏，我要掩鼻走开，只说这堆粪是一个病人排泄的，我要分析它的化学成分，看看有没有病菌在里面。科学家自然也有见到美人就求婚、见到粪就掩鼻走开的时候，但是那时候他已经由科学家回到实际人的地位了。科学的态度之中很少有情感和意志，它的最重要的心理活动是抽象的思考。科学家要在这个混乱的世界中寻出事物的关系和条理，纳个物于概念，从原理演个例，分出某者为因，某者为果，某者为特征，某者为偶然性。植物学家看古松的态度便是如此。

木商由古松而想到架屋、制器、赚钱等等，植物学家由古松而想到根茎花叶、日光水分等等，他们的意识都不能停止在古松本身上面。不过把古松当作一块踏脚石，由它跳到和它有关系的种种事物上面去。所以在实用的态度中和科学的态度中，所得到的事物的意象都不是独立的、绝缘的，观者的注意力都不是专注在所观事物本身上面的。注意力的集中，意象的孤立绝缘，便是美感的态度的最大特点。比如我们的画画的朋友看古松，他把全副精神都贯注在松的本身上面，古松对于他便成了一个独立自足的世界。他忘记他的妻子在家里等柴烧饭，他忘记松树在植物教科书里叫作显花植物，总而言之，古松完全占领住他的意识，古松以外的世界他都视而不见、听而不闻了。他只把古松摆在心眼面前当作一幅画去玩味。他不计较实用，所以心中没有意志和欲念；他不推求关系、条理、因果等等，所以不用抽象的思考。这种脱净了意志和抽象思考的心理活动叫作"直觉"，直觉所见到的孤立绝缘的意象叫作"形象"。美感经验就是形象的直觉，美就是事物呈现形象于直觉时的特质。

　　实用的态度以善为最高目的，科学的态度以真为最高目的，美感的态度以美为最高目的。在实用态度中，我们的注意力偏在事物对于人的利害，心理活动偏重意志；在科学的态度中，我们的注意力偏在事物间的互相关系，心理活动偏重抽象的思考；在美感的态度中，我们的注意力专在事物本身的形象，心理活动偏重直觉。真、善、美都是人所定的价值，不是事物所本有的特质。离开人的观点而言，事物都浑然无别，善恶、真伪、美丑就漫无意义。真、善、美都含有若干主观的成分。

就"用"字的狭义说,美是最没有用处的。科学家的目的虽只在辨别真伪,他所得的结果却可效用于人类社会。美的事物如诗文、图画、雕刻、音乐等等都是寒不可以为衣,饥不可以为食的。从实用的观点看,许多艺术家都是太不切实用的人物。然则我们又何必来谈美呢?人性本来是多方的,需要也是多方的。真、善、美三者俱备才可以算是完全的人。人性中本有饮食欲,渴而无所饮,饥而无所食,固然是一种缺乏;人性中本有求知欲而没有科学的活动,本有美的嗜好而没有美感的活动,也未始不是一种缺乏。真和美的需要也是人生中的一种饥渴:精神上的饥渴。疾病衰老的身体才没有口腹的饥渴。同理,你遇到一个没有精神上的饥渴的人或民族,你可以断定他的心灵已到了疾病衰老的状态。

人所以异于其他动物的就是于饮食男女之外还有更高尚的企求,美就是其中之一。是壶就可以贮茶,何必又求它形式、花样、颜色都要好看呢?吃饱了饭就可以睡觉,何必又呕心血去作诗、画画、奏乐呢?"生命"是与"活动"同义的,活动愈自由生命也就愈有意义。人的实用的活动全是有所为而为,是受环境需要限制的;人的美感的活动全是无所为而为,是环境不需要他活动而他自己愿意去活动的。在有所为而为的活动中，人是环境需要的奴隶；在无所为而为的活动中，人是自己心灵的主宰。这是单就人说，就物说呢，在实用的和科学的世界中，事物都借着和其他事物发生关系而得到意义，到了孤立绝缘时就都没有意义；但是在美感世界中，它却能孤立绝缘，却能在本身现出价值。照这样看，我们可以说，美是事物的最有价值的一面，美感的经验是人生中最有价值的一面。

许多轰轰烈烈的英雄和美人都过去了，许多轰轰烈烈的成功和失败也都过去了，只有艺术作品真正是不朽的。数千年前的《卷耳》和《孔雀东南飞》的作者还能在我们心里点燃很强烈的火焰，虽然在当时他们不过是大皇帝脚下的不知名的小百姓。秦始皇吞并六国，统一车书；曹孟德带八十万人马下江东，舳舻千里，旌旗蔽空，这些惊心动魄的成败对于你有什么意义？对于我有什么意义？但是长城和《短歌行》对于我们还是很亲切的，还可以使我们心领神会这些骸骨不存的精神气魄。这几段墙在，这几句诗在，它们永远对于人是亲切的。由此类推，在几千年或是几万年以后，看现在纷纷扰扰的"帝国主义""反帝国主义""主席""代表""电影明星"之类对于人有什么意义？我们这个时代是否也有类似长城和《短歌行》的纪念坊留给后人，让他们觉得我们也还是很亲切的么？悠悠的过去只是一片漆黑的天空，我们所以还能认识出来这漆黑的天空者，全赖思想家和艺术家所散布的几点星光。朋友，让我们珍重这几点星光！让我们也努力散布几点星光去照耀那和过去一般漆黑的未来！

二　当局者迷，旁观者清

——艺术和实际人生的距离

有几件事实我觉得很有趣味,不知道你有同感没有?

我的寓所后面有一条小河通莱茵河。我在晚间常到那里散步一次,走成了习惯,总是沿东岸去,过桥沿西岸回来。走东岸时我觉得西岸的景物比东岸的美;走西岸时适得其反,东岸的景物又比西岸的美。对岸的草木房屋固然比较这边的美,但是它们又不如河里的倒影。同是一棵树,看它的正身本极平凡,看它的倒影却带有几分另一世界的色彩。我平时又欢喜看烟雾朦胧的远树、大雪笼盖的世界和更深夜静的月景。本来是习见不以为奇的东西,让雾、雪、月盖上一层白纱,便见得很美丽。

北方人初看到西湖,平原人初看到峨眉,虽然审美力薄弱的村夫,也惊讶它们的奇景;但在生长在西湖或峨眉的人除了以居近名胜自豪以外,心里往往觉得西湖和峨眉实在也不过如此。新奇的地方都比熟悉的地方美,东方人初到西方,或是西方人初到东方,都往往觉得面前景物件件值得玩味。本地人自以为不合时尚的服装和举动,在外方人看，却往往有一种美的意味。

古董癖也是很奇怪的，一个周朝的铜鼎或是一个汉朝的瓦瓶在当时也不过是盛酒盛肉的日常用具，在现在却变成很稀有的艺术品。固然有些好古董的人是贪它值钱，但是觉得古董实在可玩味的人却不少。我到外国人家去时，主人常欢喜拿一点中国东西给我看。这总不外瓷罗汉、蟒袍、渔樵耕读图之类的装饰品，我看到每每觉得羞涩，而主人却诚心诚意地夸奖它们好看。

种田人常羡慕读书人，读书人也常羡慕种田人。竹篱瓜架旁的黄粱浊酒和朱门大厦中的山珍海鲜，在旁观者所看出来的滋味都比当局者亲口尝出来的好。读陶渊明的诗，我们常觉到农人的生活真是理想的生活，可是农人自己在烈日寒风之中耕作时所尝到的况味，绝不似陶渊明所描写的那样闲逸。

人常是不满意自己的境遇而羡慕他人的境遇，所以俗语说："家花不比野花香。"人对于现在和过去的态度也有同样的分别。本来是很酸辛的遭遇，到后来往往变成很甜美的回忆。我小时在乡下住，早晨看到的是那几座茅屋、几畦田、几排青山，晚上看到的也还是那几座茅屋、几畦田、几排青山，觉得它们真是单调无味，现在回忆起来，却不免有些留恋。

这些经验你一定也注意到的。它们是什么缘故呢？

这全是观点和态度的差别。看倒影，看过去，看旁人的境遇，看稀奇的景物，都好比站在陆地上远看海雾，不受实际的切身的利害牵绊，能安闲自在地玩味目前美妙的景致。看正身，看现在，看自己的境遇，看习见的景物，都好比乘海船遇着海雾，只知它妨碍呼吸，只嫌它耽误程期，预兆危险，没有心思去玩味它的美妙。持实用的态度看事物，它们都只是实际生活的工具或障碍物，都只能引起欲念或嫌恶。<u>要见出事物本身的美，我们一定要从实用世界跳开，以"无所为而为"的精神欣赏它们本身的形象。</u>总而言之，美和实际人生有一个距离，要见出事物本身的美，须把它摆在适当的距离之外去看。

再就上面的实例说，树的倒影何以比正身美呢？它的正身是实用世界中的一片段，它和人发生过许多实用的关系。人一看见它，不免想到它在实用上的意义，发生许多实际生活的联想。它是避风息凉的或是架屋烧火的东西。在散步时我们没有这些需要，所以就觉得它没有趣味。倒影是隔着一个世界的，是幻境的，是与实际人生无直接关联的。我们一看到它，就立刻注意到它的轮廓、线纹和颜色，好比看一幅图画一样。这是形象的直觉，所以是美感的经验。总而言之，正身和实际人生没有距离，倒影和实际人生有

距离,美的差别即起于此。

同理,游历新境时最容易见出事物的美。习见的环境都已变成实用的工具。比如我久住在一个城市里面,出门看见一条街就想到朝某方向走是某家酒店,朝某方向走是某家银行;看见了一座房子就想到它是某个朋友的住宅,或是某个总长的衙门。这样的"由盘而之钟",我的注意力就迁到旁的事物上去,不能专心致志地看这条街或是这座房子究竟像个什么样子。在崭新的环境中,我还没有认识事物的实用的意义,事物还没有变成实用的工具,一条街还只是一条街而不是到某银行或某酒店的指路标,一座房子还只是某颜色某线形的组合而不是私家住宅或是总长衙门,所以我能见出它们本身的美。

一件本来惹人嫌恶的事情,如果你把它推远一点看,往往可以成为很美的意象。卓文君不守寡,私奔司马相如,陪他当垆卖酒。我们现在把这段情史传为佳话。我们读李长吉的"长卿怀茂陵,绿草垂石井。弹琴看文君,春风吹鬓影"几句诗,觉得它是多么幽美的一幅画!但是在当时人看,卓文君失节却是一件秽行丑迹。袁子才尝刻一方"钱塘苏小是乡亲"的印,看他的口吻是多么自豪!但是钱塘苏小究竟是怎样的一个伟人?她原来不过是南朝的一个妓女。和这个妓女同时的人谁肯攀她做"乡亲"呢?当时的人受实际问题的牵绊,不能把这些人物的行为从极繁复的社会信仰和利害观念的圈套中划出来,当作美丽的意象来观赏。我们在时过境迁之后,不受当时的实际问题的牵绊,所以能把它们当作有趣的故事来谈。它们在当时和实际人生的距离太近,到现在则和实际人生距离较远了,好比经过一些年代的老酒,已失去它的原来的辣性,只留下醇美的滋味。

一般人迫于实际生活的需要,都把利害认得太真,不能站在适当的距离之外去看人生世相,于是这丰富华严的世界,除了可效用于饮食男女的营求之外,便无其他意义。他们一看到瓜就想它是可以摘来吃的,一看到漂亮的女子就起性欲的冲动。他们完全是占有欲的奴隶。花长在园里何尝不可以供欣赏?他们却欢喜把它摘下来挂在自己的襟上或是插在自己的瓶里。一个海边的农夫逢人称赞他的门前海景时,便很羞涩地回过头来指着屋后一园菜说:"门前虽没有什么可看的,屋后这一园菜却还不差。"许多人如果不知道周鼎汉瓶是很值钱的古董,我相信他们宁愿要一个不易打烂的铁锅或瓷罐,不愿要那些不能煮饭盛菜的破铜烂铁。这些人都是不能在艺术品或自然美和实际人生之中维持一种适当的距离。

艺术家和审美者的本领就在能不让屋后的一园菜压倒

门前的海景，不拿盛酒盛菜的标准去估定周鼎汉瓶的价值，不把一条街当作到某酒店和某银行去的指路标。他们能跳开利害的圈套，只聚精会神地观赏事物本身的形象。他们知道在美的事物和实际人生之中维持一种适当的距离。

我说"距离"时总不忘冠上"适当的"三个字，这是要注意的。"距离"可以太过，可以不及。艺术一方面要能使人从实际生活的牵绊中解放出来，一方面也要使人能了解、能欣赏。"距离"不及，容易使人回到实用世界；距离太远，又容易使人无法了解欣赏。这个道理可以拿一个浅例来说明。

王渔洋的《秋柳诗》中有两句说："相逢南雁皆愁侣，好语西乌莫夜飞。"在不知这诗的历史的人看来，这两句诗是漫无意义的，这就是说，它的距离太远，读者不能了解它，所以无法欣赏它。《秋柳诗》原来是悼明亡的，"南雁"是指国亡无所依附的故旧大臣，"西乌"是指有意屈节降清的人物。假使读这两句诗的人自己也是一个遗老，他对于这两句诗的情感一定比旁人较能了解。但是他不一定能取欣赏的态度，因为他容易看这两句诗而自伤身世，想到种种实际人生问题上面去，不能把注意力专注在诗的意象上面，这就是说，《秋柳诗》对于他的实际生活距离太近了，容易把他由美感的世界引回到实用的世界。

二 当局者迷,旁观者清

许多人欢喜从道德的观点来谈文艺,从韩昌黎的"文以载道"说起,一直到现代"革命文学"以文学为宣传的工具止,都是把艺术硬拉回到实用的世界里去。一个乡下人看戏,看见演曹操的角色扮老奸巨猾的样子惟妙惟肖,不觉义愤填胸,提刀跳上舞台,把他杀了。从道德的观点评艺术的人们都有些类似这位杀曹操的乡下佬,义气虽然是义气,无奈是不得其时,不得其地。他们不知道道德是实际人生的规范,而艺术是与实际人生有距离的。

艺术须与实际人生有距离,所以艺术与极端的写实主义不相容。写实主义的理想在妙肖人生和自然,但是艺术如果真正做到妙肖人生和自然的境界,总不免把观者引回到实际人生,使他的注意力旁迁于种种无关美感的问题,不能专心致志地欣赏形象本身的美。比如裸体女子的照片常不免容易刺激性欲,而裸体雕像如《密罗斯爱神》,裸体画像如法国安格尔的《汲泉女》,都只能令人肃然起敬。这是什么缘故呢?这就是因为照片太逼肖自然,容易像实物一样引起人的实用的态度;雕刻和图画都带有若干形式化和理想化,都有几分不自然,所以不易被人误认为实际人生中的一片段。

艺术上有许多地方,乍看起来,似乎不近情理。古希腊和中国旧戏的角色往往戴面具、穿高底鞋,表演时用歌唱的声调，不像平常说话。埃及雕刻对于人体加以抽象化，往往千篇一律。波斯图案画把人物的肢体加以不自然的扭曲，中世纪哥特式诸大教寺的雕像把人物的肢体加以不自然的延长。中国和西方古代的画都不用远近阴影。这种艺术上的形式化往往遭浅人唾骂，它固然时有流弊，其实也含有至理。这些风格的创始者都未尝不知道它不自然，但是他们的目的正在使艺术和自然之中有一种距离。说话不押韵，不论平仄，作诗却要押韵，要论平仄，道理也是如此。艺术本来是弥补人生和自然缺陷的。如果艺术的最高目的仅在妙肖人生和自然，我们既已有人生和自然了，又何取乎艺术呢？

艺术都是主观的，都是作者情感的流露，但是它一定要经过几分客观化。艺术都要有情感，但是只有情感不一定就是艺术。许多人本来是笨伯而自信是可能的诗人或艺术家。他们常埋怨道："可惜我不是一个文学家，否则我的生平可以写成一部很好的小说。"富于艺术材料的生活何以不能产生艺术呢？艺术所用的情感并不是生糙的而是经过反省的。蔡琰在丢开亲生子回国时绝写不出《悲愤诗》，杜甫在"入门闻号咷，幼子饥已卒"时绝写不出《自京赴奉先县咏怀五百字》。这两首诗都是"痛定思痛"的结果。艺术家在写切身的情感时，都不能同时在这种情感中过活，必定把它加以客观化，必定由站在主位的尝受者退为站在客位的观赏者。一般人不能把切身的经验放在一种距离以外去看，所以情感尽管深刻，经验尽管丰富，终不能创造艺术。

三 子非鱼,安知鱼之乐?

——宇宙的人情化

庄子与惠子游于濠梁之上。

庄子曰:"儵鱼出游从容,是鱼之乐也!"

惠子曰:"子非鱼,安知鱼之乐?"

庄子曰:"子非我,安知我不知鱼之乐?"

这是《庄子·秋水》篇里的一段故事,是你平时所欢喜玩味的。我现在借这段故事来说明美感经验中的一个极有趣味的道理。

我们通常都有"以己度人"的脾气,因为有这个脾气,对于自己以外的人和物才能了解。严格地说,各个人都只能直接地了解他自己,都只能知道自己处某种境地,有某种知觉,生某种情感。至于知道旁人旁物处某种境地、有某种知觉、生某种情感时,则是凭自己的经验推测出来的。比如我知道自己在笑时心里欢喜,在哭时心里悲痛,看到旁人笑也就以为他心里欢喜,看见旁人哭也以为他心里悲痛。我知道旁人旁物的知觉和情感如何,都是拿自己的知觉和情感来比拟的。我只知道自己，我知道旁人旁物时是把旁人旁物看成自己，或是把自己推到旁人旁物的地位。庄子看到鯈鱼"出游从容"便觉得它乐，因为他自己对于"出游从容"的滋味是有经验的。人与人，人与物，都有共同之点，所以他们都有互相感通之点。假如庄子不是鱼就无从知鱼之乐，每个人就要各成孤立世界，和其他人物都隔着一层密不通风的墙壁，人与人以及人与物之间便无心灵交通的可能了。

　　这种"推己及物""设身处地"的心理活动不尽是有意的、出于理智的，所以它往往发生幻觉。鱼没有反省的意识，是否能够像人一样"乐"，这种问题大概在庄子时代的动物心理学也还没有解决，而庄子硬拿"乐"字来形容鱼的心境，其实不过把他自己的"乐"的心境外射到鱼的身上罢了，他的话未必有科学的谨严与精确。我们知觉外物，常把自己所得的感觉外射到物的本身上去，把它误认为物所固有的属性，于是本来在我的就变成在物的了。比如我们说"花是红的"时，是把红看作花所固有的属性，好像是以为纵使没有人去知觉它，它也还是在那里。其实花本身只有使人觉到红的可能性，至于红却是视觉的结果。红是长度为若干的光波射到视网膜上所生的印象。如果光波长一点或是短一点，视网膜的构造换一个样子，红的色觉便不会发生。

三 子非鱼，安知鱼之乐？

患色盲症的人根本就不能辨别红色，就是眼睛健全的人在薄暮光线暗淡时也不能把红色和绿色分得清楚，从此可知，严格地说，我们只能说"我觉得花是红的"。我们通常都把"我觉得"三字略去而直说"花是红的"，于是在我的感觉遂被误认为在物的属性了。日常对于外物的知觉都可作如是观。"天气冷"其实只是"我觉得天气冷"，鱼也许和我不一致；"石头太沉重"其实只是"我觉得它太沉重"，大力士或许还嫌它太轻。

云何尝能飞？泉何尝能跃？我们却常说云飞泉跃；山何尝能鸣？谷何尝能应？我们却常说山鸣谷应。在说云飞泉跃、山鸣谷应时，我们比说花红石头重，又更进一层了。原来我们只把在我的感觉误认为在物的属性，现在我们却把无生气的东西看成有生气的东西，把它们看作我们的侪辈，觉得它们也有性格，也有情感，也能活动。这两种说话的方法虽不同，道理却是一样，都是根据自己的经验来了解外物，这种心理活动通常叫作"移情作用"。

"移情作用"是把自己的情感移到外物身上去，仿佛觉得外物也有同样的情感。这是一个极普遍的经验。自己在欢喜时，大地山河都在扬眉带笑；自己在悲伤时，风云花鸟都在叹气凝愁。惜别时蜡烛可以垂泪，兴到时青山亦觉点头。柳絮有时"轻狂"，晚峰有时"清苦"。陶渊明何以爱菊呢？

因为他在傲霜残枝中见出孤臣的劲节；林和靖何以爱梅呢？因为他在暗香疏影中见出隐者的高标。

从这几个实例看，我们可以看出移情作用是和美感经验有密切关系的。移情作用不一定就是美感经验，而美感经验却常含有移情作用。美感经验中的移情作用不单是由我及物的，同时也是由物及我的；它不仅把我的性格和情感移注于物，同时也把物的姿态吸收于我。所谓美感经验，其实不过是在聚精会神之中，我的情趣和物的情趣往复回流而已。

姑先说欣赏自然美。比如我在观赏一棵古松，我的心境是什么样的状态呢？我的注意力完全集中在古松本身的形象上，我的意识之中除了古松的意象之外，一无所有。在这个时候，我的实用的意志和科学的思考都完全失其作用，我没有心思去分别我是我而古松是古松。古松的形象引起高风亮节的类似联想，我心中便隐约觉到高风亮节所常伴着的情感。因为我忘记古松和我是两件事，我就于无意之中把这种高风亮节的气概移置到古松上面去，仿佛古松原来就有这种性格。同时我又不知不觉地受古松的这种性格影响，自己也振作起来，模仿它那一副苍老劲拔的姿态。所以古松俨然变成一个人，人也俨然变成一棵古松。真正的美感经验都是如此，都要达到物我同一的境界，在物我同一的境界中,移情作用最容易发生,因为我们根本就不分辨所生的情感到底是属于我还是属于物的。

再说欣赏艺术美,比如说听音乐。我们常觉得某种乐调快活,某种乐调悲伤。乐调自身本来只有高低、长短、急缓、宏纤的分别,而不能有快乐和悲伤的分别。换句话说,乐调只能有物理而不能有人情。我们何以觉得这本来只有物理的东西居然有人情呢?这也是由于移情作用。这里的移情作用是如何起来的呢?音乐的命脉在节奏。节奏就是长短、高低、急缓、宏纤相继承的关系。这些关系前后不同,听者所费的心力和所用的心的活动也不一致。因此听者心中自起一种节奏和音乐的节奏相平行。听一曲高而缓的调子,心力也随之做一种高而缓的活动;听一曲低而急的调子,心力也随之做一种低而急的活动。这种高而缓或是低而急的心力活动,常蔓延浸润到全部心境,使它变成和高而缓的活动或是低而急的活动相同调,于是听者心中遂感觉一种欢欣鼓舞或是抑郁凄恻的情调。这种情调本来属于听者,在聚精会神之中,他把这种情调外射出去,于是音乐也就有快乐和悲伤的分别了。

再比如说书法。书法在中国向来自成艺术,和图画有同等的身份,近来才有人怀疑它是否可以列于艺术,这帮人大概是看到西方艺术史中向来不留位置给书法,所以觉得中国人看重书法有些离奇。其实书法可列于艺术，是无可置疑的。它可以表现性格和情趣。颜鲁公的字就像颜鲁公，赵孟頫的字就像赵孟頫。所以字也可以说是抒情的，不但是抒情的，而且是可以引起移情作用的。横直钩点等等笔画原来是墨涂的痕迹，它们不是高人雅士，原来没有什么"骨力""姿态""神韵"和"气魄"，但是在名家书法中我们常觉到"骨力""姿态""神韵"和"气魄"。我们说柳公权的字"劲拔"，赵孟頫的字"秀媚"，这都是把墨涂的痕迹看作有生气有性格的东西，都是把字在心中所引起的意象移到字的本身上面去。

移情作用往往带有无意的模仿。我在看颜鲁公的字时，仿佛对着巍峨的高峰，不知不觉地耸肩聚眉，全身的筋肉都紧张起来，模仿它的严肃；我在看赵孟頫的字时，仿佛对着临风荡漾的柳条，不知不觉地展颐摆腰，全身的筋肉都松懈起来，模仿它的秀媚。从心理学看，这本来不是奇事。凡是观念都有实现于运动的倾向。念到跳舞时脚往往不由自主地跳动；念到"山"字时口舌往往不由自主地说出"山"字。通常观念往往不能实现于动作者，由于同时有反对的观念阻止它。同时念到打球又念到泅水，则既不能打球，又不能泅水。如果心中只有一个观念，没有旁的观念和它对敌，则它常自动地现于运动。聚精会神看赛跑时，自己也往往不知不觉地弯起胳膊动起脚来，便是一个好例。在美感经验之中，注意力都是集中在一个意象上面，所以极容易起模仿的运动。

移情的现象可以称之为"宇宙的人情化"，因为有移情作用，然后本来只有物理的东西可具人情，本来无生气的东西可有生气。从理智观点看，移情作用是一种错觉，是一种迷信。但是如果把它勾销，不但艺术无由产生，即宗教也无由出现。艺术和宗教都是把宇宙加以生气化和人情化，把人和物的距离以及人和神的距离都缩小。它们都带有若干神秘主义的色彩。所谓神秘主义其实并没有什么神秘，不过是在寻常事物之中见出不寻常的意义。这仍然是移情作用。从一草一木之中见出生气和人情以至于极玄奥的泛神主义，深浅程度虽有不同，道理却是一样。

美感经验既是人的情趣和物的姿态的往复回流，我们可以从这个前提中抽出两个结论来：

一、物的形象是人的情趣的返照。物的意蕴深浅和人的性分密切相关。深人所见于物者亦深，浅人所见于物者亦浅。比如一朵含露的花，在这个人看来只是一朵平常的花，在那个人看或以为它含泪凝愁，在另一个人看或以为它能象征人生和宇宙的妙谛。一朵花如此，一切事物也是如此。因我把自己的意蕴和情趣移于物，物才能呈现我所见到的形象。我们可以说，各人的世界都由各人的自我伸张而成。欣赏中都含有几分创造性。

二、人不但移情于物，还要吸收物的姿态于自我，还要不知不觉地模仿物的形象。所以美感经验的直接目的虽不在陶冶性情，而却有陶冶性情的功效。心里印着美的意象，常受美的意象浸润，自然也可以少存些浊念。苏东坡诗说："宁可食无肉，不可居无竹；无肉令人瘦，无竹令人俗。"竹不过是美的形象之一种，一切美的事物都有不令人俗的功效。

 四　希腊女神的雕像和血色鲜丽的英国姑娘

——美感与快感

我在以上三章所说的话都是回答"美感是什么"这个问题。我们说过，美感起于形象的直觉。它有两个要素：

一、目前意象和实际人生之间有一种适当的距离。我们只观赏这种孤立绝缘的意象，一不问它和其他事物的关系如何，二不问它对于人的效用如何，思考和欲念都暂时失其作用。

二、在观赏这种意象时，我们处于聚精会神以至于物我两忘的境界，所以于无意之中以我的情趣移注于物，以物的姿态移注于我。这是一种极自由的（因为是不受实用目的牵绊的）活动，说它是欣赏也可，说它是创造也可，美就是这种活动的产品，不是天生现成的。

这是我们的立脚点。在这个立脚点上站稳，我们可以打倒许多关于美感的误解。在以下两三章里我要说明美感不是许多人所想象的那么一回事。

我们第一步先打倒享乐主义的美学。

"美"字是不要本钱的，喝一杯滋味好的酒，你称赞它

"美"；看见一朵颜色很鲜明的花，你称赞它"美"；碰见一位年轻姑娘，你称赞她"美"；读一首诗或是看一座雕像，你也还是称赞它"美"。这些经验显然不尽是一致的。究竟怎样才算"美"呢？一般人虽然不知道什么叫作"美"，但是都知道什么样就是愉快。拿一幅画给一个小孩子或是未受过艺术教育的人看，征求他的意见，他总是说"很好看"。如果追问他："它何以好看？"他不外是回答说："我欢喜看它，看了它就觉得很愉快。"通常人所谓的"美"大半就是指"好看"，指"愉快"。

不仅是普通人如此，许多声名煊赫的文艺批评家也把美感和快感混为一件事。英国19世纪有一位学者叫作罗斯金，他著过几十册书谈建筑和图画，就曾经很坦白地告诉人说："我从来没有看见过一座希腊女神雕像，有一位血色鲜丽的英国姑娘的一半美。"从愉快的标准看，血色鲜丽的姑娘引诱力自然是比女神雕像的大；但是你觉得一位姑娘"美"和你觉得一座女神雕像"美"时是否相同呢？《红楼梦》里的刘姥姥想来不一定有什么风韵，虽然不能邀罗斯金的青眼，在艺术上却仍不失其为美。一个很漂亮的姑娘同时做许多画家的模特儿，可是她的画像在一百张之中不一定有一张比得上伦勃朗（荷兰人物画家）的"老太婆"。英国姑娘的"美"和希腊女神雕像的"美"显然是两件事，

四 希腊女神的雕像和血色鲜丽的英国姑娘

一个是只能引起快感的,一个是只能引起美感的。罗斯金的错误在把英国姑娘的引诱性当作"美"的标准,去衡量艺术作品。艺术是另一世界里的东西,对于实际人生没有引诱性,所以他以为比不上血色鲜丽的英国姑娘。

美感和快感究竟有什么分别呢?有些人见到快感不尽是美感,替它们勉强定一个分别来,却又往往不符合事实。英国有一派主张"享乐主义"的美学家就是如此。他们所见到的分别彼此又不一致。有人说耳、目是"高等感官",其余鼻、舌、皮肤、筋肉等等都是"低等感官",只有"高等感官"可以尝到美感而"低等感官"则只能尝到快感。有人说引起美感的东西可以同时引起许多人的美感,引起快感的东西则对于这个人引起快感,对于那个人或引起不快感。美感有普遍性,快感没有普遍性。这些学说在历史上都发生过影响,如果分析起来,都是一钱不值。拿什么标准说耳、目是"高等感官"?耳、目得来的有些是美感,有些也只是快感,我们如何去分别?"客去茶香余舌本","冰肌玉骨,自清凉无汗"等名句是否与"低等感官"不能得美感之说相容?至于普遍不普遍的话更不足为凭。口腹有同嗜而艺术趣味却往往随人而异。陈年花雕是吃酒的人大半都称赞它美的,一般人却不能欣赏后期印象派的图画。我曾经听过一位很时髦的英国老太婆说道:"我从来没有见

过比金字塔再拙劣的东西。"

从我们的立脚点看,美感和快感是很容易分别的。美感与实用活动无关,而快感则起于实际要求的满足。口渴时要喝水,喝了水就得到快感;腹饥时要吃饭,吃了饭也就得到快感。喝美酒所得的快感由于味感得到所需要的刺激,和饱食暖衣的快感同为实用的,并不是起于"无所为而为"的形象的观赏。至于看血色鲜丽的姑娘,可以生美感也可以不生美感。如果你觉得她是可爱的,给你做妻子你还不讨厌她,你所谓的"美"就只是指合于满足性欲需要的条件,"美人"就只是指对于异性有引诱力的女子。如果你见了她不起性欲的冲动,只把她当作线纹匀称的形象看,那就和欣赏雕像或画像一样了。美感的态度不带意志,所以不带占有欲。在实际上性欲本能是一种最强烈的本能,看见血色鲜丽的姑娘而能"心如古井"地不动,只一味欣赏曲线美,是一般人所难能的。所以就美感说,罗斯金所称赞的血色鲜丽的英国姑娘对于实际人生距离太近,不一定比希腊女神雕像的价值高。

谈到这里,我们可以顺便地说一说弗洛伊德派心理学在文艺上的应用。大家都知道,弗洛伊德把文艺认为是性欲的表现。性欲是最原始最强烈的本能,在文明社会里,它受道德、法律种种社会因素的牵制,不能得充分的满足,于是被压抑到"隐意识"里去成为"情意综"。但是这种被压抑的欲望还是要偷空子化装求满足。<u>文艺和梦一样，都是戴着假面具逃开意识检查的欲望</u>。举一个例子来说，男子通常都特别爱母亲，女子通常都特别爱父亲。依弗洛伊德看，这就是性爱。这种性爱是反乎道德、法律的，所以被压抑下去，在男子则成"俄狄浦斯情意综"，在女子则成"厄勒克特拉情意综"。这两个奇怪的名词是怎样讲呢？俄狄浦斯原来是古希腊的一个王子，曾于无意中弑父娶母，所以他可以象征子对于母的性爱。厄勒克特拉是古希腊的一个公主，她的母亲爱上了一个男子，把丈夫杀了，她怂恿她的兄弟把母亲杀了，替父亲报仇，所以她可以象征女对于父的性爱。在许多民族的神话里面，伟大的人物都有母而无父，耶稣和孔子就是著例，耶稣是上帝授胎的，孔子之母祷于尼丘而生孔子。在弗洛伊德派学者看，这都是"俄狄浦斯情意综"的表现。许多文艺作品都可以用这种眼光来看，都是被压抑的性欲因化装而得满足。

　　依这番话看，弗洛伊德的文艺观还是要纳到享乐主义里去，他自己就常欢喜用"快感原则"这个名词。在我们看来，他的毛病也在把快感和美感混淆，把艺术的需要和实际人生的需要混淆。美感经验的特点在"无所为而为"地观赏形象。在创造或欣赏的一刹那中，我们不能仍然在所表现的情感里过活,一定要站在客位把这种情感当一幅意象去观赏。如果作者写性爱小说,读者看性爱小说,都是为着满足自己的性欲,那就无异于为着饥而吃饭,为着冷而穿衣,只是实用的活动而不是美感的活动了。文艺的内容尽管有关性欲,可是我们在创造或欣赏时却不能同时受性欲冲动的驱遣,须站在客位把它当作形象看。世间自然也有许多人欢喜看淫秽的小说去刺激性欲或是满足性欲,但是他们所得的并不是美感。弗洛伊德派的学者的错处不在主张文艺常是满足性欲的工具,而在认为这种满足是美感。

美感经验是直觉的而不是反省的。在聚精会神之中我们既忘却自我,自然不能觉得我是否欢喜所观赏的形象,或是反省这形象所引起的是不是快感。我们对于一件艺术作品欣赏的浓度愈大,就愈不觉得自己是在欣赏它,愈不觉得所生的感觉是愉快的。如果自己觉到快感,我便是由直觉而变为反省,好比提灯寻影,灯到影灭,美感的态度便已失去了。美感所伴的快感,在当时都不觉得,到过后才回忆起来。比如读一首诗或是看一幕戏,当时我们只是心领神会,无暇他及,后来回想,才觉得这一番经验很愉快。

这个道理一经说破,本来很容易了解。但是许多人因为不明白这个很浅显的道理,遂走上迷路。近来德国和美

四 希腊女神的雕像和血色鲜丽的英国姑娘

国有许多研究"实验美学"的人就是如此。他们拿一些颜色、线形或是音调来请受验者比较,问他们欢喜哪一种,讨厌哪一种,然后做出统计来,说某种颜色是最美的,某种线形是最丑的。独立的颜色和画中的颜色本来不可相提并论。在艺术上部分之和并不等于全体,而且最易引起快感的东西也不一定就美,他们的错误是很显然的。

五　记得绿罗裙，处处怜芳草

——美感与联想

美感与快感之外,还有一个更易惹误解的纠纷问题,就是美感与联想。

什么叫作联想呢?联想就是见到甲而想到乙。甲唤起乙的联想通常不外乎起于两种原因:或是甲和乙在性质上相类似,例如看到春光想起少年,看到菊花想到节士;或是甲和乙在经验上曾相接近,例如看到扇子想起萤火虫,走到赤壁想起曹孟德或苏东坡。类似联想和接近联想有时混在一起,牛希济的"记得绿罗裙,处处怜芳草"两句词就是好例。词中主人何以"记得绿罗裙"呢?因为罗裙和他的欢爱者相接近;他何以"处处怜芳草"呢?因为芳草和罗裙的颜色相类似。

意识在活动时就是联想在进行,所以我们差不多时时刻刻都在起联想。听到声音知道说话的是谁,见到一个词知道它的意义,都是起于联想作用。联想是以旧经验诠释新经验,如果没有它,知觉、记忆和想象都不能发生,因为它们都得根据过去的经验,从此可知联想为用之广。

联想有时可用意志控制，作文构思时或追忆一时记不起的过去经验时，都是勉强把联想挤到一条路上去走。但是在大多数情境之中，联想是自由的，无意的，飘忽不定的。听课读书时本想专心，而打球、散步、吃饭、邻家的猫儿种种意象总是不由自主地闯进脑里来，失眠时越怕胡思乱想，越禁止不住胡思乱想。这种自由联想好比水流湿、火就燥，稍有勾搭，即被牵绊，未登九天，已入黄泉。比如我现在从"火"字出发，就想到红、石榴、家里的天井、浮山、雷鲤的诗、鲤鱼、孔夫子的儿子等等，这个联想线索前后相承，虽有关系可寻，但是这些关系都是偶然的。我的"火"字的联想线索如此，换一个人或是我自己在另一时境，"火"字的联想线索却另是一样。从此可知联想的散漫飘忽。

联想的性质如此。多数人觉得一件事物美时，都是因为它能唤起甜美的联想。

在"记得绿罗裙，处处怜芳草"的人看来，芳草是很美的。颜色心理学中有许多同类的事实。许多人对于颜色都有所偏好，有人偏好红色，有人偏好青色，有人偏好白色。据一派心理学家说，这都是由于联想作用。例如红是火的颜色，所以看到红色可以使人觉得温暖；青是田园草木的颜色，所以看到青色可以使人想到乡村生活的安闲。许多小孩子和乡下人看画,都只是欢喜它的花红柳绿的颜色。有些人看画,欢喜它里面的故事,乡下人欢喜把孟姜女、薛仁贵、《桃园三结义》的图糊在壁上作装饰,并不是因为那些木板雕刻的图好看,而是因为它们可以引发许多有趣故事的联想。

这种脾气并不只是乡下人才有。我每次陪朋友们到画馆里去看画,见到他们所特别注意的第一是几张有声名的画,第二是有历史性的作品如耶稣临刑图、拿破仑结婚图之类,像伦勃朗所画的老太公、老太婆,和后期印象派的山水风景之类的作品,他们却不屑一顾。此外又有些人看画(和看一切其他艺术作品一样),偏重它所含的道德教训。道学先生看到裸体雕像或画像,都不免起若干嫌恶。记得詹姆士在他的某一部书里说过有一次见过一位老修道妇,站在一幅耶稣临刑图面前合掌仰视,悠然神往。旁边人问她那幅画何如,她回答说:"美极了,你看上帝是多么仁慈,让自己的儿子去牺牲,来赎人类的罪孽!"

在音乐方面,联想的势力更大。多数人在听音乐时,除了联想到许多美丽的意象之外,便别无所得。他们欢喜这个调子,因为它使他们想起清风明月;不欢喜那个调子,因为它唤醒他们以往的悲痛的记忆。锺子期何以负知音的雅名?因他听伯牙弹琴时,惊叹说:"善哉!峨峨兮若泰山,洋洋兮若江河。"李颀在胡笳声中听到什么？他听到的是"空山百鸟散还合，万里浮云阴且晴"。白乐天在琵琶声中听到什么？他听到的是"银瓶乍破水浆迸，铁骑突出刀枪鸣"。苏东坡怎样形容洞箫？他说："其声呜呜然，如怨如慕，如泣如诉。余音袅袅，不绝如缕。舞幽壑之潜蛟，泣孤舟之嫠妇。"这些数不尽的例子都可以证明多数人欣赏音乐，都是欣赏它所唤起的联想。

联想所伴的快感是不是美感呢？

历来学者对于这个问题可分两派，一派的答案是肯定的，一派的答案是否定的。这个争辩就是在文艺思潮史中闹得很凶的形式和内容的争辩。依内容派说，文艺是表现情思的，所以文艺的价值要看它的情思内容如何而决定。第一流文艺作品都必有高深的思想和真挚的情感。这句话本来是不可辩驳的。但是侧重内容的人往往从这个基本原理抽出两个其他的结论，第一个结论是题材的重要。所谓题材就是情节。他们以为有些情节能唤起美丽堂皇的联想，有些情节只能唤起丑陋凡庸的联想。比如做史诗和悲剧，只应采取英雄为主角，不应采取愚夫愚妇。第二个结论就是文艺应含有道德的教训。读者所生的联想既随作品内容为转移，则作者应设法把读者引到正经路上去，不要用淫秽卑鄙的情节摇动他的邪思。这些学说发源较早，它们的影响到现在还是很大。从前人所谓的"思无邪""言之有物""文以载道",现在人所谓的"哲理诗""宗教艺术""革命文学"等等,都是侧重文艺的内容和文艺的无关美感的功效。

这种主张在近代颇受形式派的攻击,形式派的标语是"为艺术而艺术"。他们说,两个画家同用一个模特儿,所成的画价值有高低;两个文学家同用一个故事,所成的诗文意蕴有深浅。许多大学问家、大道德家都没有成为艺术家,许多艺术家并不是大学问家、大道德家。从此可知艺术之所以为艺术,不在内容而在形式。如果你不是艺术家,纵有极好的内容,也不能产生好作品出来;反之,如果你是艺术家,极平庸的东西经过灵心妙运点铁成金之后,也可以成为极好的作品。印象派大师如莫奈、凡·高诸人不是往往在一张椅子或是几间破屋之中表现一个情深意永的世界出来么?这一派学说到近代才逐渐占势力。在文学方面的浪漫主义,在图画方面的印象主义,尤其是后期印象主义,在音乐方面的形式主义,都是看轻内容的。单拿图画来说,一般人看画,都先问里面画的是什么,是怎样的人物或是怎样的故事。这些东西在术语上叫作"表意的成分"。近代有许多画家就根本反对画中有任何"表意的成分"。看到一幅画,他们只注意它的颜色、线纹和阴影,不问它里面有什么意义或是什么故事。假如你看到这派的作品,你起初只望见许多颜色凑合在一起,须费过一番审视和猜度,才知道所画的是房子或是崖石,这一派人是最反对杂联想于美感的。

这两派的学说都持之有故,言之成理,我们究竟何去何从呢?我们否认艺术的内容和形式可以分开来讲(这个道理以后还要谈到),不过关于美感与联想这个问题,我们赞成形式派的主张。

就广义说,联想是知觉和想象的基础,艺术不能离开知觉和想象,就不能离开联想。但是我们通常所谓的联想,是指由甲而乙,由乙而丙,辗转不止的乱想。就这个普通的意义说,联想是妨碍美感的。美感起于直觉,不带思考,联想却不免带有思考。在美感经验中我们聚精会神于一个孤立绝缘的意象上面,联想则最易使精神涣散,注意力不专一,使心思由美感的意象旁迁到许多无关美感的事物上面去。在审美时我看到芳草就一心一意地领略芳草的情趣;在联想时我看到芳草就想到罗裙,又想到穿罗裙的美人,既想到穿罗裙的美人,心思就已不复在芳草了。

联想大半是偶然的。比如说,一幅画的内容是"西湖秋月",如果观者不聚精会神于画的本身而纵情联想,则甲可以联想到雷峰塔,乙可以联想到往日同游西湖的美人,这些联想纵然有时能提高观者对于这幅画的好感，画本身的美却未必因此而增加，而画所引起的美感则反因精神涣散而减少。

知道这番道理，我们就可以知道许多通常被认为美感的经验其实并非美感了。假如你是武昌人，你也许特别欢喜崔颢的《黄鹤楼》诗；假如你是陶渊明的后裔，你也许特别欢喜《陶渊明集》；假如你是道德家，你也许特别欢喜《击鼓骂曹》的戏或是韩退之的《原道》；假如你是古董贩，你也许特别欢喜河南新出土的龟甲文或是敦煌石窟里面的壁画；假如你知道达·芬奇的声名大，你也许特别欢喜他的《蒙娜丽莎》。这都是自然的倾向，但是这都不是美感，都是持实际人的态度，在艺术本身以外求它的价值。

六 灵魂在杰作中的冒险
——考证、批评与欣赏

把快感认为美感,把联想认为美感,是一般人的误解,此外还有一种误解是学者们所特有的,就是把考证和批评认为欣赏。

在这里我不妨稍说说自己的经验。我自幼就很爱好文学。在我所谓的"爱好文学",就是欢喜哼哼有趣味的诗词和文章。后来到外国大学读书,就顺着本来的偏好,决定研究文学。在我当初所谓的"研究文学",原来不过是多哼哼有趣味的诗词和文章。我以为那些外国大学的名教授可以告诉我哪些作品有趣味,并且向我解释它们何以有趣味的道理。我当时隐隐约约地觉得这门学问叫作"文学批评",所以在大学里就偏重"文学批评"方面的功课。哪知道我费过五六年的功夫,所领教的几乎完全不是我原来所想望的。

比如拿莎士比亚这门功课来说,教授在讲堂上讲些什么呢?现在英国的学者最重"版本的批评"。他们整年地讲莎士比亚的某部剧本在某一年印第一次"四折本",某一年印第一次"对折本","四折本"和"对折本"有几次翻印,某一个字在第一次"四折本"怎样写,后来在"对折本"里又改成什么样,某一段在某版本里为阙文,某一个字是后来某个编辑者校改的。在我只略举几点已经就够使你看得不耐烦了,试想他们费毕生的精力做这种勾当!

自然他们不仅讲这一样,他们也很重视"来源"的研究。研究"来源"的问些什么问题呢?莎士比亚大概读过些什么书?他是否懂得希腊文?他的《哈姆雷特》一部戏是根据哪些书?这些书他读时是用原文还是用译本?他的剧中情节和史实有哪几点不符?为了要解决这些问题,学者们个个埋头于灰封虫咬的向来没有人过问的旧书堆中,寻求他们所谓的"证据"。

此外他们也很重视"作者的生平"。莎士比亚生前操什么职业?几岁到伦敦当戏子?他少年偷鹿的传言是否确实?他的十四行诗里所说的"黑姑娘"究竟是谁?"哈姆雷特"是否是莎士比亚现身说法?当时伦敦有几家戏院?他和这些戏院、同行、戏子的关系如何?他死时的遗嘱能否见出他和他的妻子的情感?为了这些问题,学者跑到法庭里翻几百年前的文案,跑到官书局里查几百年前的书籍登记簿,甚至于跑到几座古老的学校去看看墙壁上和板凳上有没有或许是莎士比亚画的简笔姓名。他们如果寻到片纸只字,

六 灵魂在杰作中的冒险

就以为是至宝。

这三种功夫合在一块讲，就是中国人所说的"考据学"。我的讲莎士比亚的教师除了这种考据学以外，自己不做其他的功夫，对于我们学生们也只讲他所研究的那一套，至于剧本本身，他只让我们凭我们自己的能力去读，能欣赏也好，不能欣赏也好，他是不过问的。像他这一类的学者在中国向来就很多，近来似乎更时髦。许多人是把"研究文学"和"整理国故"当作一回事。从美学观点来说，我们对于这种考据的工作应该发生何种感想呢？

考据所得的是历史的知识。历史的知识可以帮助欣赏却不是欣赏本身。欣赏之前要有了解。了解是欣赏的预备，欣赏是了解的成熟。只就欣赏说，版本、来源以及作者的生平都是题外事，因为美感经验全在欣赏形象本身，注意到这些问题，就是离开形象本身。但是就了解说，这些历史的知识却非常重要。例如要了解曹子建的《洛神赋》，就不能不知道他和甄后的关系；要欣赏陶渊明的《饮酒》诗，就不能不先考定原本中到底是"悠然望南山"还是"悠然见南山"。

了解和欣赏是互相补充的。未了解绝不足以言欣赏，所以考据学是基本的功夫。但是只了解而不能欣赏，则只是做到史学的功夫，却没有走进文艺的领域。富于考据癖的学者通常都不免犯两种错误。第一种错误就是穿凿附会。他们以为作者一字一画都有来历，于是拉史实来附会它。他们不知道艺术是创造的，虽然可以受史实的影响，却不必完全受史实的支配。《红楼梦》一部书有多少"考证"和"索隐"？它的主人究竟是纳兰成德，是清朝某个皇帝，还是曹雪芹自己？"红学家"大半都忘记艺术生于创造的想象，不必实有其事。考据家的第二种错误在因考据而忘欣赏。他们既然把作品的史实考证出来之后，便以为能事已尽，而不进一步去玩味玩味。他们好比食品化学专家，把一席菜的来源、成分以及烹调方法研究得有条有理之后，便袖手旁观，不肯染指。就我个人说呢，我是一个饕餮汉，对于这帮考据家的苦心孤诣虽是十二分地敬佩和感激，我自己却不肯学他们那样"斯文"。我以为最要紧的事还是伸箸把菜取到口里来咀嚼，领略领略它的滋味。

在考据学者们自己看来，考据就是一种批评。但是一般人所谓的批评，意义实不仅如此。所以我当初想望研究文学批评，而教师却只对我讲版本来源种种问题，我很惊讶，很失望。普通意义的批评究竟是什么呢？这也并没有定准，向来批评学者有派别的不同，所认识的批评的意义也不一致。我们把他们区分起来，可以得四大类。

第一类批评学者自居"导师"的地位。他们对于各种艺术先抱有一种理想而自己却无能力把它实现于创作,于是拿这个理想来期望旁人。他们欢喜向创作家发号施令,说小说应该怎样做,说诗要用音韵或是不要用音韵,说悲剧应该用伟大人物的材料,说文艺要含有道德的教训,诸如此类的教条不一而足。他们以为创作家只要遵守这些教条,就可以做出好作品来。坊间所流行的《诗学法程》《小说作法》《作文法》等等书籍的作者都属于这一类。

第二类批评学者自居"法官"地位。"法官"要有"法",所谓的"法"便是"纪律"。这帮人心中预存几条纪律,然后以这些纪律来衡量一切作品,和它们相符合的就是美,违背它们的就是丑。这种"法官"式的批评家和上文所说的"导师"式的批评家常合在一起。他们最好的代表是欧洲假古典主义的批评家。"古典"是指古希腊和罗马的名著,"古典主义"就是这些名著所表现的特殊风格,"假古典主义"就是要把这种特殊风格定为"纪律"让创作家来模仿。处"导师"的地位,这派批评家向创作家发号施令说:"从古人的作品中我们抽绎出这几条纪律,你要谨遵无违,才有成功的希望!"处"法官"的地位,他们向创作家下批语说:"亚里士多德明明说过坏人不能做悲剧主角,你莎士比亚何以要用一个杀皇帝的麦克白?作诗用字忌俚俗,你在麦克白的独白中用'刀'字,刀是屠夫和厨师的用具,拿来杀皇帝，岂不太损尊严，不合纪律？"（"刀"字的批评出诸约翰逊，不是我的杜撰）这种批评的价值是很小的。文艺是讲求创造的，谁能拿死纪律来范围活作品？谁读《诗歌作法》如法炮制而作成了好诗歌？

第三类批评学者自居"舌人"的地位。"舌人"的功用在于把外乡话翻译为本地话，叫人能够懂得。站在"舌人"的地位的批评家说："我不敢发号施令，我也不敢判断是非，我只把作者的性格、时代和环境以及作品的意义解剖出来，让欣赏者看到易于明了。"这一类批评家又可细分为两种。一种如法国的圣伯夫，以自然科学的方法去研究作者的心理，看他的作品与个性、时代和环境有什么关系。一种为注疏家和上文所说的考据家，专以追溯来源、考订字句和解释意义为职务。这两种批评家的功用在帮助了解，他们的价值我们在上文已经说过。

第四类就是近代在法国闹得很久的印象主义的批评。属于这类的学者所居的地位可以说是"饕餮者"的地位。"饕餮者"只贪美味，尝到美味便把它的印象描写出来。他们的领袖是法朗士，他曾经说过："依我看来，批评和哲学与历史一样，只是一种给深思好奇者看的小说；一切小说，精密地说起来，都是一种自传。凡是真批评家都只叙述他的灵魂在杰作中的冒险。"这是印象派批评家的信条。他们

六 灵魂在杰作中的冒险

反对"法官"式的批评,因为"法官"式的批评相信美丑有普遍的标准,印象派则主张各人应以自己的嗜好为标准,我自己觉得一个作品好就说它好,否则它虽然是人人所公认为杰作的《荷马史诗》,我也只把它和许多我所不欢喜的无名小卒一样看待。他们也反对"舌人"式的批评,因为"舌人"式的批评是科学的、客观的,印象派则以为批评应该是艺术的、主观的,它不应像餐馆的使女只捧菜给人吃,应该亲自尝菜的味道。

一般讨论读书方法的书籍往往劝读者持"批评的态度"。这所谓的"批评"究竟取哪一个意义呢?它大半是指"判断是非"。所谓持"批评的态度"去读书,就是说不要"尽信书",要自己去分辨、判断书中何者为真,何者为伪,何者为美,何者为丑。这其实就是"法官"式的批评。这种"批评的态度"和"欣赏的态度"(就是美感的态度)是相反的。批评的态度是冷静的,不杂情感的,其实就是我们在开头时所说的"科学的态度";欣赏的态度则注重我的情感和物的姿态的交流。批评的态度须用反省的理解,欣赏的态度则全凭直觉。批评的态度预存有一种美丑的标准,把我放在作品之外去评判它的美丑;欣赏的态度则忌杂有任何成见,把我放在作品里面去分享它的生命。遇到文艺作品,如果始终持批评的态度,则我是我而作品是作品,我不能

沉醉在作品里面，永远得不到真正的美感的经验。

　　印象派的批评可以说就是"欣赏的批评"。就我个人说，我是倾向于这一派的，不过我也明白它的缺点。印象派往往把快感误认为美感。在文艺方面，各人的趣味本来有高低。比如看一幅画，"内行"有"内行"的印象，"外行"有"外行"的印象，这两种印象的价值是否相同呢？我小时候欢喜读《花月痕》和《东莱博议》一类的东西，现在回想起来不禁赧颜，究竟是我从前对还是现在对呢？文艺虽无普遍的纪律，而美丑的好恶却有一个道理。遇见一个作品，我们只说"我觉得它好"还不够，我们还应说出我何以觉得它好的道理，说出道理就是一般人所谓的"批评的态度"了。

　　总而言之，考据不是欣赏，批评也不是欣赏，但是欣赏却不可无考据与批评。从前老先生们太看重考据和批评的功夫，现在一般青年又太不肯做脚踏实地的功夫，以为有文艺的嗜好就可以谈文艺，这都是很大的错误。

七 情人眼底出西施

——美与自然

我们关于美感的讨论,到这里可以告一段落了,现在最好把上文所说的话回顾一番,看我们已经占住了多少领土。美感是什么呢?从积极方面说,我们已经明白美感起于形象的直觉,而这种形象是孤立自足的,和实际人生有一种距离;我们已经见出美感经验中我和物的关系,知道我的情趣和物的姿态交感共鸣,才见出美的形象。从消极方面说,我们已经明白美感一不带意志欲念,有异于实用态度,二不带抽象思考,有异于科学态度;我们已经知道一般人把寻常快感、联想以及考据与批评认为美感的经验是一种大误解。

美生于美感经验,我们既然明白美感经验的性质,就可以进一步讨论美本身了。

什么叫作美呢?

在一般人看来,美是物所固有的。有些人物生来就美,有些人物生来就丑。比如称赞一个美人,你说她像一朵鲜花,像一颗明星,像一只轻燕,你决不说她像一个布袋,像一条犀牛或是像一只癞蛤蟆。这就分明承认鲜花、明星和轻燕一类事物原来是美的,布袋、犀牛和癞蛤蟆一类事物原来是丑的。说美人是美的,也犹如说她是高是矮是肥是瘦一样,她的高矮肥瘦是她的星宿定的,是她从娘胎带来的,她的美也是如此,和看者无关。这种见解并不限于一般人,许多哲学家和科学家也是如此想。所以他们费许多心力去实验最美的颜色是红色还是蓝色,最美的形体是曲线还是直线,最美的音调是G调还是F调。

但是这种普遍的见解显然有很大的难点,如果美本来是物的属性,则凡是长眼睛的人们应该都可以看到,应该都承认它美,好比一个人的高矮,有尺可量,是高大家就要都说高,是矮大家就要都说矮。但是美的估定就没有一个公认的标准。假如你说一个人美,我说她不美,你用什么方法可以说服我呢?有些人欢喜辛稼轩而讨厌温飞卿,有些人欢喜温飞卿而讨厌辛稼轩,这究竟谁是谁非呢?同一个对象,有人说美,有人说丑,从此可知美本在物之说有些不妥了。

因此,有一派哲学家说美是心的产品。美如何是心的产品,他们的说法却不一致。康德以为美感判断是主观的而却有普遍性,因为人心的构造彼此相同。黑格尔以为美是在个别事物上见出"概念"或理想。比如你觉得峨眉山美,由于它表现"庄严""厚重"的概念。你觉得《孔雀东南飞》美,由于它表现"爱"与"孝"两种理想的冲突。托尔斯泰以为美的事物都含有宗教和道德的教训。此外还有许多其他的说法。说法既不一致,就只有都是错误的可能而没有都是不错的可能,好比一个数学题生出许多不同的答数一样。大约哲学家们都犯过信理智的毛病,艺术的欣赏大半是情感的而不是理智的。在觉得一件事物美时,我们纯凭直觉,并不是在下判断,如康德所说的;也不是在从个别事物中见出普遍原理,如黑格尔、托尔斯泰一帮人所说的。因为这些都是科学的或实用的活动,而美感并不是科学的或实用的活动。还不仅此。美虽不完全在物却亦非与物无关。你看到峨眉山才觉得庄严、厚重,看到一个小土堆却不能觉得庄严、厚重。从此可知物须先有使人觉得美的可能性,人不能完全凭心灵创造出美来。

依我们看,美不完全在外物,也不完全在人心,它是心物婚媾后所产生的婴儿。美感起于形象的直觉。形象属物而却不完全属于物,因为无我即无由见出形象;直觉属我却又不完全属于我,因为无物则直觉无从活动。美之中要有人情也要有物理,二者缺一都不能见出美。再拿欣赏古松的例子来说,松的苍翠劲直是物理,松的高风亮节是人情。从"我"的方面说,古松的形象并非天生自在的,同是一

棵古松，千万人所见到的形象就有千万不同，所以每个形象都是每个人凭着人情创造出来的，每个人所见到的古松的形象就是每个人所创造的艺术品，它有艺术品通常所具的个性，它能表现各个人的性分和情趣。从"物"的方面说，创造都要有创造者和所创造物，所创造物并非从无中生有，也要有若干材料，这材料也要有创造成美的可能性。松所生的意象和柳所生的意象不同，和癞蛤蟆所生的意象更不同。所以松的形象这一个艺术品的成功，一半是我的贡献，一半是松的贡献。

　　这里我们要进一步研究我与物如何相关了。何以有些事物使我觉得美，有些事物使我觉得丑呢？我们最好用一个浅例来说明这个道理。比如我们看下列六条垂直线（81页），往往把它们看成三个柱子，觉得这三个柱子所围的空间（即 A 与 B、C 与 D 和 E 与 F 所围的空间）离我们较近，而 B 与 C 以及 D 与 E 所围的空间则看成背景，离我们较远。不仅如此，我们把这六条垂直线摆在一块儿看，它们仿佛自成一个和谐的整体；至于 G 与 H 两条没有规律的线则仿佛是这整体以外的东西，如果勉强把它搭上前面的六条线一块儿看，就觉得它不和谐。

七 情人眼底出西施

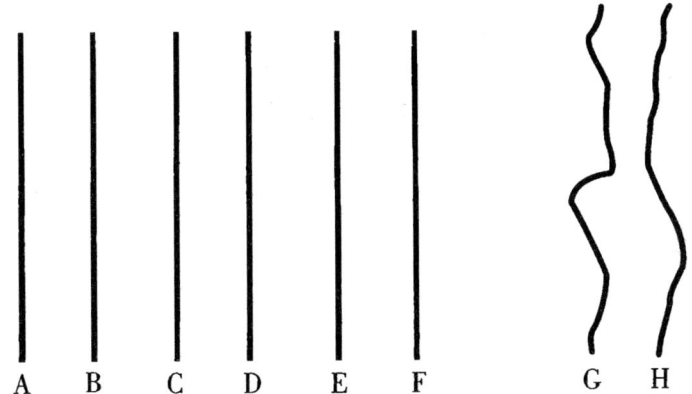

（1）A与B，C与D，E与F距离都相等。

（2）B与C，D与E距离相等，略大于A与B的距离。

（3）F与G的距离较B与C的距离大。

（4）A、B、C、D、E、F为六条平行垂直线，G与H为两条没有规律的线。

从这个有趣的事实，我们可以看出两个很重要的道理：

一、最简单的形象的直觉都带有创造性。把六条垂直线看成三个柱子，就是直觉到一种形象。它们本来同是垂直线，我们把A和B选在一块儿看，却不把B和C选在一块儿看；同是直线所围的空间，本来没有远近的分别，我们却把A、B中空间看得近,把B、C中空间看得远。从此可知,在外物者原来是散漫混乱,经过知觉的综合作用,才现出形象来。形象是心灵从混乱的自然中所创造成的整体。

二、心灵把混乱的事物综合成整体的倾向却有一个限制,事物也要本来就有可综合为整体的可能性。A至F六条线可以看成一个整体,G与H两条线何以不能纳入这个整体里面去呢?这里我们很可以见出在觉美觉丑时心和物的关系。我们从左看到右时,看出C、D和A、B相似,D、E又和B、C相似。这两种相似的感觉便在心中形成一个有规律的节奏,使我们预料此后都可由此类推,右边所有的线都顺着左边诸线的节奏。视线移到E、F两线时,所预料的果然出现,E、F果然与C、D也相似。预料而中,自然发生一种快感。但是我们再向右看,看到G与H两线时,就猛觉与前不同,不但G和F的距离猛然变大,原来是像柱子的平行垂直线,现在却是两条毫无规律的线。这是预料不中,所以引起不快感。因此G与H两线不但在物理方面和其他六条线不同,在情感上也和它们不能谐和,所以被摈于整体之外。

这里所谓的"预料"自然不是有意的,好比深夜下楼一样,步步都踏着一步梯,就无意中预料以下都是如此,倘若猛然遇到较大的距离,或是踏到平地,才觉得这是出于意料。许多艺术都应用规律和节奏，而规律和节奏所生的心理影响都以这种无意的预料为基础。

懂得这两层道理，我们就可以进一步来研究美与自然的关系了。一般人常欢喜说"自然美"，好像以为自然中已有美，纵使没有人去领略它，美也还是在那里。这种见解就是我们在上文已经驳过的美本在物的说法。其实"自然美"三个字，从美学观点看，是自相矛盾的，是"美"就不"自然"，只是"自然"就还没有成为"美"。说"自然美"就好比说上文六条垂直线已有三个柱子的形象一样。如果你觉得自然美，自然就已经过艺术化，成为你的作品，不复是生糙的自然了。比如你欣赏一棵古松、一座高山或是一湾清水，你所见到的形象已经不是松、山、水的本色，而是经过人情化的。各人的情趣不同，所以各人所得于松、山、水的也不一致。

流行语中有一句话说得极好："情人眼底出西施。"美的欣赏极似"柏拉图式的恋爱"。你在初尝恋爱的滋味时，本来也是寻常血肉做的女子却变成你的仙子。你所理想的女子的美点她都应有尽有。在这个时候，你眼中的她也不复是她自己原身而是经你理想化过的变形。你在理想中先酝酿成一个尽美尽善的女子，然后把她外射到你的爱人身上去，所以你的爱人其实不过是寄托精灵的躯骸。你只见到精灵,所以觉得无瑕可指;旁人冷眼旁观,只见到躯骸,所以往往诧异道:"他爱上她,真是有些奇怪。"一言以蔽之,恋爱中的对象是已经艺术化过的自然。

美的欣赏也是如此,也是把自然加以艺术化。所谓的艺术化,就是人情化和理想化。不过美的欣赏和寻常恋爱有一个重要的异点。寻常恋爱都带有很强烈的占有欲,你既恋爱一个女子,就有意无意地存有"欲得之而甘心"的态度。美感的态度则丝毫不带占有欲。一朵花无论是生在邻家的园子里或是插在你自己家的瓶子里,你只要能欣赏,它都是一样美。老子所说的"为而不有,功成而不居",可以说是美感态度的定义。古董商和书画金石收藏家大半都抱有"奇货可居"的态度,很少有能真正欣赏艺术的。我在上文说过,美的欣赏极似"柏拉图式的恋爱",所谓"柏拉图式的恋爱"对于所爱者也只是无所为而为的欣赏,不带占有欲。这种恋爱是否可能,颇有人置疑,但是历史上有多少著例,凡是到极浓度的初恋者也往往可以达到胸无纤尘的境界。

八 依样画葫芦
——写实主义和理想主义的错误

从美学观点看,"自然美"虽是一个自相矛盾的名词,但是通常说"自然美"时所用的"美"字却另有一种意义,和说"艺术美"时所用的"美"字不应该混为一谈,这个分别非常重要,我们须把它剖析清楚。

自然本来浑整无别,许多分别都是从人的观点看出来的。离开人的观点而言,自然本无所谓真伪,真伪是科学家所分别出来以便利思想的;自然本无所谓善恶,善恶是伦理学家所分别出来以规范人类生活的。同理,离开人的观点而言,自然也本无所谓美丑,美丑是观赏者凭自己的性分和情趣见出来的。自然界独一无二的固有的分别,只是常态与变态的分别。通常所谓的"自然美"就是指事物的常态,所谓的"自然丑"就是指事物的变态。

举个例子来说,比如我们说某人的鼻子生得美,它大概应该像什么样子呢?太大的、太小的、太高的、太低的、太肥的、太瘦的鼻子都不能算得美。美的鼻子一定大小肥瘦高低件件都合式。我们说它不太高,说它件件都合式,这就是承认鼻子的大小高低等等原来有一个标准。这个标准是如何定出来的呢？你如果仔细研究，就可以发现它是取决于多数，像选举投票一样。如果一百人之中有过半数的鼻子是一寸高，一寸就成了鼻高的标准。不及一寸高的鼻子就使人嫌它太低，超过一寸高的鼻子就使人嫌它太高。鼻子通常都是从上面逐渐高到下面来，所以称赞生得美的鼻子，我们往往说它"如悬胆"。如果鼻子上下都是一样粗细，像腊肠一样，或是鼻孔朝天露出，那就太稀奇古怪了，稀奇古怪便是变态。通常人说一件事物丑，其实不过是因为它稀奇古怪。

照这样说，世间美鼻子应该多于丑鼻子，何以实际上不然呢？自然美的难，难在件件都合式。高低合式的大小或不合式，大小合式的肥瘦或不合式。所谓的"式"就是标准，就是常态，就是最普遍的性质。自然美为许多最普遍的性质之总和。就每个独立的性质说，它是最普遍的；但是就总和说，它却不可多得，所以成为理想，为人称美。

一切自然事物的美丑都可以作如是观。宋玉形容一个美人说：

> 天下之佳人莫若楚国，楚国之丽者莫若臣里，臣里之美者莫若臣东家之子。东家之子增之一分

则太长,减之一分则太短,著粉则太白,施朱则太赤。

照这样说,美人的美就在安不上"太"字,一安上"太"字就不免有些丑了。"太"就是超过常态,就是稀奇古怪。

人物都以常态为美。健全是人体的常态,耳聋、口吃、面麻、颈肿、背驼、足跛,都不是常态,所以都使人觉得丑。一般生物的常态是生气蓬勃,活泼灵巧。所以就自然美而论,猪不如狗,龟不如蛇,樗不如柳,老年人不如少年人。非生物也是如此。山的常态是巍峨,所以巍峨最易显出山的美;水的常态是浩荡明媚,所以浩荡明媚最易显出水的美。同理,花宜清香,月宜皎洁,春风宜温和,秋雨宜凄厉。

通常所谓的"自然美"和"自然丑",分析起来,意义不过如此。艺术上所谓的美丑,意义是否相同呢?

一般人大半以为自然美和艺术美的对象和成因虽不同,而其为美则一。自然丑和艺术丑也是如此。这个普遍的误解酿成艺术史上两种表面相反而实在都是错误的主张,一是写实主义,一是理想主义。

写实主义是自然主义的后裔,自然主义起于法人卢梭。他以为上帝经手创造的东西,本来都是尽美尽善,人伸手进去搅扰，于是它们才被弄糟。人工造作，无论如何精巧，终比不上自然。自然既本来就美，艺术家最聪明的办法就是模仿它。在英人罗斯金看来，艺术原来就是从模仿自然起来的。人类本来住在露天的树林中，后来他们建筑房屋，仍然是以树林和天空为模型。建筑如此，其他艺术亦然。人工不敌自然，所以用人工去模仿自然时，最忌讳凭己意选择去取。罗斯金说：

> 纯粹主义者拣选精粉，感官主义者杂取秕糠，至于自然主义者则兼容并包，是粉就拿来制饼，是草就取来塞床。

这段话后来变成写实派的信条。写实主义最盛于19世纪后半叶的法国，尤其是在小说方面。左拉是大家公认的代表。所谓写实主义就是完全照实在描写，愈像愈妙。比如描写一个酒店就要活像一个酒店，描写一个妓女就要活像一个妓女。既然是要像，就不能不详尽精确，所以写实派作者欢喜到实地搜集"凭据"，把它们很仔细地写在笔记簿上，然后把它们整理一番，就成了作品。他们写一间房屋时至少也要用三五页的篇幅，才肯放松它。

这种艺术观的难点甚多，最显著的有两端。第一，艺术的最高目的既然只在模仿自然,自然本身既已美了,又何必有艺术呢?如果妙肖自然,是艺术家的唯一能事,则寻常照相家的本领都比吴道子、唐六如高明了。第二,美丑是相对的名词,有丑然后才显得出美。如果你以为自然全体都是美,你看自然时便没有美丑的标准,便否认有美丑的比较,连"自然美"这个名词也没有意义了。

理想主义有见于此。依它说,自然中有美有丑,艺术只模仿自然的美,丑的东西应丢开。美的东西之中又有些性质是重要的,有些性质是琐屑的,艺术家只选择重要的,琐屑的应丢开。这种理想主义和古典主义通常携手并行。古典主义最重"类型",所谓的"类型"就是全类事物的模子。一件事物可以代表一切其他同类事物时就可以说是类型。比如说画马,你不应该画得只像这匹马或是只像那匹马,你该画得像一切马,使每个人见到你的画都觉得他所知道的马恰是像那种模样。要画得像一切马,就须把马的特征、马的普遍性画出来,至于这匹马或那匹马所特有的个性则"琐屑"不足道。假如你选择某一匹马来作模型,它一定也要富于代表性。这就是古典派的类型主义。从此可知类型就是我们在上文所说的事物的常态,就是一般人的"自然美"。

这种理想主义似乎很能邀信任常识者的同情,但是它和近代艺术思潮颇多冲突。艺术不像哲学,它的生命全在

具体的形象，最忌讳的是抽象化。凡是一个模样能套上一切人物时就不能适合于任何人，好比衣帽一样。古典派的类型有如几何学中的公理，虽然应用范围很广泛，却不能引起观者的切身的情趣。许多人所公有的性质，在古典派看来，虽是精深，而在近代人看来，却极平凡、粗浅。近代艺术所搜求的不是类型而是个性，不是彰明较著的色彩而是毫厘之差的阴影。直鼻子、横眼睛是古典派所谓的类型。如果画家只能够把鼻子画直，眼睛画横，结果就难免千篇一律，毫无趣味。他应该能够把这个直鼻子所以异于其他直鼻子的，这个横眼睛所以异于其他横眼睛的地方表现出来，才算是有独到的功夫。

在表面上看，理想主义和写实主义似乎相反，其实他们的基本主张是相同的，他们都承认自然中本来就有所谓的美，他们都以为艺术的任务在模仿，艺术美就是从自然美模仿得来的。他们的艺术主张都可以称为"依样画葫芦"的主义。他们所不同者，写实派以为美在自然全体，只要是葫芦，都可以拿来作画的模型；理想派则以为美在类型，画家应该选择一个最富于代表性的葫芦。严格地说，理想主义只是一种精练的写实主义，以理想派攻击写实派，不过是以五十步笑百步罢了。

艺术对于自然，是否应该持"依样画葫芦"的态度呢？

艺术美是否从模仿自然美得来的呢？要回答这个问题，我们应该注意到两件事实：

一、自然美可以化为艺术丑。长在藤子上的葫芦本来很好看，如果你的手艺不高明，画在纸上的葫芦就不很雅观。许多香烟牌和月份牌上面的美人画就是如此，以人而论，面孔倒还端正，眉目倒还清秀；以画而论，则往往恶劣不堪。毛延寿有心要害王昭君，才把她画丑。世间有多少王昭君都被有善意而无艺术手腕的毛延寿糟蹋了。

二、自然丑也可以化为艺术美。本来是一个很丑的葫芦，经过大画家点铁成金的手腕，往往可以成为杰作。大醉大饱之后睡在床上放屁的乡下老太婆未必有什么风韵，但是我们谁不高兴看醉卧怡红院的刘姥姥？从前艺术家大半都怕用丑材料，近来艺术家才知道熔自然丑于艺术美，可以使美者更见其美。荷兰画家伦勃朗欢喜画老朽人物，法国文学家波德莱尔欢喜拿死尸一类的事物作诗题，雕刻家罗丹和爱朴斯丹也常用在自然中为丑的人物，都是最显著的例子。

这两件事实所证明的是什么呢？

一、艺术的美丑和自然的美丑是两件事。

二、艺术的美不是从模仿自然美得来的。

从这两点看，写实主义和理想主义都是一样错误，他们的主张恰与这两层道理相反。要明白艺术的真性质，先要推翻他们的"依样画葫芦"的办法，无论这个葫芦是经过选择，或是没有经过选择。

我们说"艺术美"时，"美"字只有一个意义，就是事物现形象于直觉的一个特点。事物如果能现形象于直觉，它的外形和实质必须融化成一气，它的姿态必可以和人的情趣交感共鸣。这种"美"都是创造出来的，不是天生自在俯拾即是的，它都是"抒情的表现"。我们说"自然美"时，"美"字有两种意义。第一种意义的"美"就是上文所说的常态，例如背通常是直的，直背美于驼背。第二种意义的"美"其实就是艺术美。我们在欣赏一片山水而觉其美时，就已经把自己的情趣外射到山水里去，就已把自然加以人情化和艺术化了。所以有人说："一片自然风景就是一种心境。"一般人的错误在只知道第一种意义的自然美，以为艺术美和第二种意义的自然美原来也不过如此。

法国画家德拉克洛瓦说得好："自然只是一部字典而不是一部书。"人人尽管都有一部字典在手边，可是用这部字典中的字来做出诗文，则全凭各人的情趣和才学。做得好诗文的人都不能说是模仿字典。说自然本来就美（"美"字用"艺术美"的意义）者也犹如说字典中原来就有《陶渊明集》和《红楼梦》一类作品在内，这显然是很荒谬的。

九 大人者不失其赤子之心

——艺术与游戏

　　一直到现在,我们所讨论的都偏重欣赏,现在我们可以换一个方向来讨论创造了。

　　既然明白了欣赏的道理,进一步来研究创造,便没有什么困难,因为欣赏和创造的距离并不像一般人所想象的那么远。欣赏之中都寓有创造,创造之中也都寓有欣赏。创造和欣赏都是要见出一种意境,造出一种形象,都要根据想象与情感。比如说姜白石的"数峰清苦,商略黄昏雨"一句词含有一个受情感饱和的意境。姜白石在作这句词时,先须从自然中见出这种意境,然后拿这九个字把它翻译出来。在见到意境的一刹那中,他是在创造也是在欣赏。我在读这句词时,这九个字对于我只是一种符号,我要能认识这种符号,要凭想象与情感从这种符号中领略出姜白石原来所见到的意境,须把他的译文翻回到原文。我在见到他的意境的一刹那中,我是在欣赏也是在创造。倘若我丝毫无所创造,他所用的九个字对于我就漫无意义了。一首诗作成之后,不是就变成个个读者的产业,使他可以坐享其成。它也好比一片自然风景，观赏者要拿自己的想象和情趣来交接它，才能有所得。他所得的深浅和他自己的想象与情趣成正比例。读诗就是再作诗，一首诗的生命不是作者一个人所能维持住，也要读者帮忙才行。读者的想象和情感是生生不息的，一首诗的生命也就是生生不息的，它并非一成不变的。一切艺术作品都是如此，没有创造就不能有欣赏。

创造之中都寓有欣赏，但是创造却不全是欣赏。欣赏只要能见出一种意境，而创造却须再进一步，把这种意境外射出来，成为具体的作品。这种外射也不是易事，它要有相当的天才和人力，我们到以后还要详论它，现在只就艺术的雏形来研究欣赏和创造的关系。

艺术的雏形就是游戏。游戏之中就含有创造和欣赏的心理活动。人们不都是艺术家，但每一个人都做过儿童，对于游戏都有几分经验。所以要了解艺术的创造和欣赏，最好是先研究游戏。

骑马的游戏是很普遍的，我们就把它作例来说。儿童在玩骑马的把戏时，他的心理活动可以用这么一段话说出来："父亲天天骑马在街上走，看他是多么好玩！多么有趣！我们也骑来试试看。他的那匹大马自然不让我们骑。小弟弟，你弯下腰来，让我骑！驾！驾！走快些！你没有气力了吗？

我去换一匹马罢。"于是厨房里的竹帚夹在胯下又变成一匹马了。

从这个普遍的游戏中间,我们可以看出几个游戏和艺术的类似点。

一、像艺术一样,游戏把所欣赏的意象加以客观化,使它成为一个具体的情境。小孩子心里先印上一个骑马的意象,这个意象变成他的情趣的集中点(这就是欣赏)。情趣集中时意象大半孤立,所以本着单独观念实现于运动的普遍倾向,从心里外射出来,变成一个具体的情境(这就是创造),于是有骑马的游戏。骑马的意象原来是心镜从外物界所摄来的影子。在骑马时儿童仍然把这个影子交还给外物界。不过这个影子在摄来时已顺着情感的需要而有所选择去取,在脑里打一个翻转之后,又经过一番意匠经营,所以不复是生糙的自然。一个人可以当马骑,一个竹帚也可以当马骑。换句话说,儿童的游戏不完全是模仿自然,它也带有几分创造性。他不仅做骑马的游戏,有时还拣一支粉笔或土块在地上画一个骑马的人。他在一个圆圈里画两点一直一横就成了一个面孔,在下面再安上两条线就成了两只腿。他原来看人物时只注意到这些最刺眼的运动的部分,他是一个印象派的作者。

二、像艺术一样,游戏是一种"想当然耳"的勾当。

儿童在拿竹帚当马骑时，心里完全为骑马这个有趣的意象占住，丝毫不注意到他所骑的是竹帚而不是马。他聚精会神到极点，虽是在游戏而却不自觉是在游戏。本来是幻想的世界，却被他看成实在的世界了。他在幻想世界中仍然持着郑重其事的态度。全局尽管荒唐，而各部分却仍须合理。有两位小姊妹正在玩做买卖的把戏，她们的母亲从外面走进来向扮店主的姐姐亲了个嘴，扮顾客的妹妹便抗议说："妈妈，你为什么同开店的人亲嘴？"从这个实例看，我们可以知道儿戏很类似写剧本或是写小说，在不近情理之中仍须不悖乎情理，要有批评家所说的"诗的真实"。成人们往往嗤不郑重的事为儿戏，其实成人自己很少像儿童在游戏时那么郑重，那么专心，那么认真。

三、像艺术一样，游戏带有移情作用，把死板的宇宙看成活跃的生灵。我们成人把人和物的界线分得很清楚，把想象的和实在的分得很清楚。在儿童心中这种分别是很模糊的。他把物视同自己一样，以为它们也有生命，也能痛能痒。他拿竹帚当马骑时，你如果在竹帚上扯去一条竹枝，那就是在他的马身上扯去一根毛，在骂你一场之后，他还要向竹帚说几句温言好语。他看见星说是天眨眼，看见露说是花垂泪。这就是我们在前面说过的"宇宙的人情化"。人情化可以说是儿童所特有的体物的方法。人越老就越不能起移情作用,我和物的距离就日见其大,实在的和想象的隔阂就日见其深,于是这个世界也就越没有趣味了。

四、像艺术一样,游戏是在现实世界之外另造一个理想世界来安慰情感。骑竹马的小孩子一方面觉得骑马的有趣,一方面又苦于骑马的不可能,骑马的游戏是他弥补现实缺陷的一种方法。近代有许多学者说游戏起于精力的过剩,有力没处用,才去玩把戏。这话虽然未可尽信,却含有若干真理。人生来就好动,生而不能动,便是苦恼。疾病、老朽、幽囚都是人所最厌恶的,就是它们夺去动的可能。动愈自由即愈使人快意,所以人常厌恶有限而追求无限。现实世界是有限制的,不能容人尽量自由活动。人不安于此,于是有种种苦闷厌倦。要消遣这种苦闷厌倦,人于是自架空中楼阁。苦闷起于人生对于"有限"的不满,幻想就是人生对于"无限"的寻求,游戏和文艺就是幻想的结果。它们的功用都在帮助人摆脱实在的世界的缰锁,跳出到可能的世界中去避风息凉。人愈到闲散时愈觉单调生活不可耐,愈想在呆板平凡的世界中寻出一点出乎常轨的偶然的波浪,来排忧解闷。所以游戏和艺术的需要在闲散时愈紧迫。就这个意义说,它们确实是一种"消遣"。

儿童在游戏时意造空中楼阁,大概都现出这几个特点。他们的想象力还没有受经验和理智束缚死,还能去来无碍。

只要有一点实事实物触动他们的思路,他们立刻就生出一种意境,在一弹指间就把这种意境渲染成五光十彩。念头一动,随便什么事物都变成他们的玩具。你给他们一个世界,他们立刻就可以造出许多变化离奇的世界来交还你。他们就是艺术家。一般艺术家都是所谓的"大人者不失其赤子之心"。

艺术家虽然"不失其赤子之心",但是他究竟是"大人",有赤子所没有的老练和严肃。游戏究竟只是雏形的艺术而不就是艺术,它和艺术有三个重要的异点。

一、艺术都带有社会性,而游戏却不带社会性。儿童在游戏时只图自己高兴,并没有意思要拿游戏来博得旁观者的同情和赞赏。在表面看,这似乎是偏于唯我主义,但是这实在由于自我观念不发达。他们根本就没有把物和我分得很清楚,所以说不到求人同情于我的意思。艺术的创造则必有欣赏者。艺术家见到一种意境或是感到一种情趣,自得其乐还不甘心,他还要旁人也能见到这种意境,感到这种情趣。他固然不迎合社会心理去沽名钓誉,但是他是一个热情者,总不免希望世有知音同情。因此艺术不像克罗齐派美学家所说的,只达到"表现"就可以了事,它还要能"传达"。在原始时期,艺术的作者就是全民众,后来艺术家虽自成一阶级,他们的作品仍然是全民众的公有物。

艺术好比一棵花，社会好比土壤，土壤比较肥沃，花也自然比较茂盛。艺术的风尚一半是作者造成的，一半也是社会造成的。

二、游戏没有社会性，只顾把所欣赏的意象"表现"出来；艺术有社会性，还要进一步把这种意象传达于天下后世，所以游戏不必有作品而艺术则必有作品。游戏只是逢场作戏，比如儿童堆沙为屋，还未堆成，即已推倒，既已尽兴，便无留恋。艺术家对于得意的作品常加意珍护，像慈母待婴儿一般。音乐家贝多芬常言生存是一大痛苦，如果他不是心中有未尽之蕴要谱于乐曲，他早已自杀。司马迁也是因为要做《史记》，所以隐忍受腐刑的羞辱。从这些实例看，可知艺术家对于艺术比一切都看重。他们自己知道珍贵美的形象，也希望旁人能同样地珍贵它。他自己见到一种精灵，并且想使这种精灵在人间永存不朽。

三、艺术家既然要借作品"传达"他的情思给旁人，使旁人也能同赏共乐，便不能不研究"传达"所必需的技巧。他第一要研究他所借以传达的媒介，第二要研究应用这种媒介如何可以造成美的形式出来。比如说做诗文，语言就是媒介。这种媒介要恰能传出情思，不可任意乱用。相传欧阳修《昼锦堂记》首两句本是"仕宦至将相，富贵归故乡"，送稿的使者已走过几百里路了，他还要打发人骑快马去添两个"而"字。文人用字不苟且,通常如此。儿童在游戏时对于所用的媒介决不这样谨慎选择。他戏骑马时遇着竹帚就用竹帚,遇着板凳就用板凳,反正这不过是一种代替意象的符号,只要他自己以为那是马就行了,至于旁人看见时是否也恰能想到马的意象,他却丝毫不介意。倘若画家意在马而画一个竹帚出来,谁人能了解他的原意呢?艺术的内容和形式都要恰能融合一气,这种融合就是美。

总而言之,艺术虽伏根于游戏本能,但是因为同时带有社会性,须留有作品传达情思于观者,不能不顾到媒介的选择和技巧的锻炼。它逐渐发达到现在,已经在游戏前面走得很远,令游戏望尘莫及了。

十 空中楼阁
——创造的想象

艺术和游戏都是意造空中楼阁来慰情遣兴。现在我们来研究这种楼阁是如何建筑起来的,这就是说,看看诗人在作诗或是画家在作画时的心理活动到底像什么样。

为说话易于明了起见,我们最好拿一个艺术作品做实例来讲。本来各种艺术都可以供给这种实例,但是能拿真迹摆在我们面前的只有短诗。所以我们姑且选一首短诗,不过心里要记得其他艺术作品的道理也是一样。比如王渔洋所推许为唐人七绝"压卷"作的王昌龄的《长信怨》:

奉帚平明金殿开,暂将团扇共徘徊。
玉颜不及寒鸦色,犹带昭阳日影来。

大家都知道,这首诗的主人是班婕妤。她从失宠于汉成帝之后,谪居长信宫侍奉太后。昭阳殿是汉成帝和赵飞燕住的地方。这首诗是一个具体的艺术作品。王昌龄不曾留下记载来告诉我们他作时心理历程如何,他也许并没有

留意到这种问题。但是我们用心理学的帮助来从文字上分析，也可以想见大概。他作这首诗时有哪些心理的活动呢？

一、他必定使用想象。

什么叫作想象呢？它就是在心里唤起意象。比如看到寒鸦，心中就印下一个寒鸦的影子，知道它像什么样，这种心镜从外物摄来的影子就是"意象"。意象在脑中留有痕迹，我眼睛看不见寒鸦时仍然可以想到寒鸦像什么样，甚至于你从来没有见过寒鸦，别人描写给你听，说它像什么样，你也可以凑合已有意象推知大概。这种回想或凑合以往意象的心理活动叫作"想象"。

想象有再现的，有创造的。一般的想象大半是再现的。原来从知觉得来的意象如此，回想起来的意象仍然是如此，比如我昨天看见一只鸦，今天回想它的形状，丝毫不用自己的意思去改变它，就是只用再现的想象。艺术作品不能不用再现的想象。比如这首诗里"奉帚""金殿""玉颜""寒鸦""日影""团扇""徘徊"等等，在独立时都只是再现的想象。"团扇"一个意象尤其如此。班婕妤自己在《怨歌行》里已经用秋天丢开的扇子自比，王昌龄不过是借用这个典故。诗作出来总须旁人能懂得，"懂得"就是能够唤起以往的经验来印证。用以往的经验来印证新经验大半凭借再现的想象。

但是只有再现的想象决不能创造艺术。艺术既是创造的,就要用创造的想象。创造的想象也并非从无中生有,它仍用已有意象,不过把它们加以新配合。王昌龄的《长信怨》精彩全在后两句,这后两句就是用创造的想象作成的。每个人都见过"寒鸦"和"日影",却从来没有人想到班婕妤的"怨"可以见于带昭阳日影的寒鸦。但是这话一经王昌龄说出,我们就觉得它实在是至情至理。从这个实例看,创造的定义就是:平常的旧材料之不平常的新综合。

王昌龄的题目是《长信怨》。"怨"字是一个抽象的字,他的诗却画出一个如在目前的具体的情境,不言怨而怨自见。艺术不同于哲学,它最忌讳抽象。抽象的概念在艺术家的脑里都要先翻译成具体的意象,然后才表现于作品。具体的意象才能引起深切的情感。比如说"贫富不均"一句话入耳时只是一笔冷冰冰的总账,杜工部的"朱门酒肉臭,路有冻死骨"才是一幅惊心动魄的图画。思想家往往不是艺术家,就因为不能把抽象的概念翻译为具体的意象。

从理智方面看,创造的想象可以分析为两种心理作用:一是分想作用,一是联想作用。

我们所有的意象都不是独立的,都是嵌在整个经验里面的,都是和许多其他意象固结在一起的。比如我昨天在树林里看见一只鸦,同时还看见许多其他事物,如树林、天空、行人等等。如果这些记忆都全盘复现于意识，我就无法单提鸦的意象来应用。好比你只要用一根丝，它裹在一团丝里，要单抽出它而其他的丝也连带地抽出来一样。"分想作用"就是把某一个意象（比如说鸦）和与它相关的许多意象分开而单提出它来。这种分想作用是选择的基础。许多人不能创造艺术就因为没有这副本领。他们常常说："一部十七史从何处说起？"他们一想到某一个意象，其余许多平时虽有关系而与本题却不相干的意象都一齐涌上心头来，叫他们无法突围。小孩子读死书，往往要从头背诵到尾，才想起一篇文章中某一句话来，也就是吃不能"分想"的苦。

有分想作用而后有选择，只是选择有时就已经是创造。雕刻家在一块顽石中雕出一座爱神的雕像来，画家在一片荒林中描出一幅风景画来，都是在混乱的情境中把用得着的成分单提出来，把用不着的成分丢开，来造成一个完美的形象。诗有时也只要有分想作用就可以作成。例如"采菊东篱下，悠然见南山""寒波澹澹起，白鸟悠悠下""风吹草低见牛羊"诸名句都是从混乱的自然中划出美的意象来，全无机杼的痕迹。

不过创造大半是旧意象的新综合，综合大半借联想作用。我们在上文谈美感与联想时已经说过错乱的联想妨碍美感的道理，但是我们却保留过一条重要的原则："联想是知觉和想象的基础。艺术不能离开知觉和想象，就不能离开联想。"现在我们可以详论这番话的意义了。

我们曾经把联想分为"接近"和"类似"两类。比如这首诗里所用的"团扇"这个意象，在班婕妤自己第一次用它时，是起于类似联想，因为她见到自己色衰失宠类似秋天的弃扇；在王昌龄用它时则起于接近联想，因为他读过班婕妤的《怨歌行》，提起班婕妤就因经验接近而想到团扇的典故，不过他自然也可以想到她和团扇的类似。

"怀古""忆旧"的作品大半起于接近联想，例如看到赤壁就想起曹操和苏东坡，看到遗衣挂壁就想到已故的妻子。类似联想在艺术上尤其重要。《诗经》中"比""兴"两体都是根据类似联想。比如《关雎》章就是拿雎鸠的挚爱比夫妇的情谊。《长信怨》里的"玉颜"在现在已成滥调，但是第一次用这两个字的人却费了一番想象。"玉"和"颜"本来是风马牛不相及，只因为在色泽肌理上相类似，就嵌合在一起了。语言文字的引申义大半都是这样起来的。例如"云破月来花弄影"一句词中三个动词都是起于类似联想的引申义。

因为类似联想的结果，物固然可以变成人，人也可变成物。物变成人通常叫作"拟人"。《长信怨》的"寒鸦"是实例。鸦是否能寒，我们不能直接感觉到，我们觉得它寒，便是设身处地地想。不但如此,寒鸦在这里是班婕妤所羡慕而又妒忌的受恩承宠者,它也许是隐喻赵飞燕。一切移情作用都起类似联想,都是"拟人"的实例。例如"感时花溅泪,恨别鸟惊心"和"水是眼波横,山是眉峰聚"一类的诗句都是以物拟人。

人变成物通常叫作"托物"。班婕妤自比"团扇",就是托物的实例。"托物"者大半不愿直言心事,故婉转以隐语出之。曹子建被迫于乃兄,在走七步路的时间中作成一首诗说:

煮豆燃豆萁,豆在釜中泣,
本是同根生,相煎何太急!

清朝有一位诗人不敢直骂爱新觉罗氏以胡人夺了明朝的江山,乃在咏《紫牡丹》诗里寄意说:

夺朱非正色,异种亦称王。

这都是托物的实例。最普通的托物是"寓言",寓言大半拿动植物的故事来隐射人类的是非善恶。托物是中国文人最欢喜的玩意儿。庄周、屈原首开端倪。但是后世注疏

家对于古人诗文往往穿凿附会太过,黄山谷说得好:

> 彼喜穿凿者弃其大旨,取其发兴,于所遇林泉人物草木鱼虫,以为物物皆有所托,如世间商度隐语者,则诗委地矣!

"拟人"和"托物"都属于象征。所谓的"象征",就是以甲为乙的符号。甲可以做乙的符号,大半起于类似联想。象征最大的用处就是以具体的事物来代替抽象的概念。我们在上文说过,艺术最怕抽象和空泛,象征就是免除抽象和空泛的不二法门。象征的定义可以说是"寓理于象"。梅圣俞《续金针诗格》里有一段话很可以发挥这个定义:

> 诗有内外意,内意欲尽其理,外意欲尽其象。内外意含蓄,方入诗格。

上面诗里的"昭阳日影"便是象征皇帝的恩宠。"皇帝的恩宠"是"内意",是"理",是一个空泛的抽象概念,所以王昌龄拿"昭阳日影"这个具体的意象来代替它,"昭阳日影"便是"象",便是"外意"。不过这种象征是若隐若现的。诗人用"昭阳日影"时,原来因为"皇帝的恩宠"

一类的字样不足以尽其意蕴,如果我们一定要把它明白指为"皇帝的恩宠"的象征,这又未免剪云为裳,以迹象绳般玄渺了。诗有可以解说出来的地方,也有不可以解说出来的地方,不可以言传的全赖读者意会,在微妙的境界我们尤其不可拘虚绳墨。

 # 十一　超以象外，得其环中

——创造与情感

二、诗人于想象之外又必有情感。

分想作用和联想作用只能解释某意象的发生如何可能,不能解释作者在许多可能的意象之中何以独抉择该意象。再就上文所引的王昌龄的《长信怨》来说,长信宫四围的事物甚多,他何以单择寒鸦?和寒鸦可发生联想的事物甚多,他何以单择昭阳日影?联想并不是偶然的,有几条路可走时而联想只走某一条路,这就由于情感的阴驱潜率。在长信宫四围的许多事物之中只有带昭阳日影的寒鸦可以和弃妇的情怀相照映,只有它可以显出一种"怨"的情境。在艺术作品中人情和物理要融成一气,才能产生一个完整的境界。

这个道理可以再用一个实例来说明,比如王昌龄的《闺怨》:

闺中少妇不知愁,春日凝妆上翠楼。
忽见陌头杨柳色,悔教夫婿觅封侯!

杨柳本来可以引起无数的联想，桓温因杨柳而想到"树犹如此，人何以堪"！萧道成因杨柳而想起"此柳风流可爱，似张绪当年"！韩君平因杨柳而想起"昔日青青今在否"的章台妓女，何以这首诗的主人独懊悔当初劝丈夫出去谋官呢？因为"夫婿"的意象对于"春日凝妆上翠楼"的闺中少妇是一种受情感饱和的意象，而杨柳的浓绿又最易惹起春意，所以经它一触动，"夫婿"的意象就立刻浮上她的心头了。情感是生生不息的，意象也是生生不息的。换一种情感就是换一种意象，换一种意象就是换一种境界。即景可以生情，因情也可以生景。所以诗是作不尽的。有人说，风花雪月等等都已经被前人说滥了，所有的诗都被前人作尽了，诗是没有未来的了。这帮人不但不知诗为何物，也不知生命为何物。诗是生命的表现，生命像柏格森所说的，时时在变化中即时时在创造中。说诗已经作穷尽了，就不啻说生命已到了末日。

王昌龄既不是班婕妤，又不是"闺中少妇"，何以能感到她们的情感呢？这又要回到"子非鱼，安知鱼之乐"的老问题了。诗人和艺术家都有"设身处地"和"体物入微"的本领。他们在描写一个人时，就要钻进那个人的心孔，在霎时间就要变成那个人，亲自享受他的生命，领略他的情感。所以我们读他们的作品时，觉得它深中情理。在这种心灵感通中我们可以见出宇宙生命的连贯,诗人和艺术家的心就是一个小宇宙。

一般批评家常欢喜把文艺作品分为"主观的"和"客观的"两类,以为写自己经验的作品是主观的,写旁人的作品是客观的。这种分别其实非常肤浅。凡是主观的作品都必同时是客观的,凡是客观的作品亦必同时是主观的。比如说班婕妤的《怨歌行》:

> 新裂齐纨素,皎洁如霜雪。
> 裁为合欢扇,团团似明月。
> 出入君怀袖,动摇微风发。
> 常恐秋节至,凉飙夺炎热。
> 弃捐箧笥中,恩情中道绝。

她拿团扇自喻,可以说是主观的文学。但是班婕妤在作这首诗时就不能同时在怨的情感中过活,她须暂时跳开切身的情境,看看它像什么样子,才能发现它像团扇。这就是说,她在作《怨歌行》时须退处客观的地位,把自己的遭遇当作一幅画来看。在这一刹那中,她就已经由弃妇而变为歌咏弃妇的诗人了,就已经在实际人生和艺术之中辟出一种距离来了。

再比如说王昌龄的《长信怨》。他以一位唐朝的男子来写一位汉朝的女子，他的诗可以说是客观的文学。但是他在作这首诗时一定要设身处地地想象班婕妤谪居长信宫的情况如何。像班婕妤自己一样，他也是拿弃妇的遭遇当作一幅画来欣赏。在想象到聚精会神时，他达到我们在前面所说的物我同一的境界，霎时之间，他的心境就变成班婕妤的心境了，他已经由客观的观赏者而变为主观的享受者了。总之，主观的艺术家在创造时也要能"超以象外"，客观的艺术家在创造时也要能"得其环中"，像司空图所说的。

文艺作品都必具有完整性。它是旧经验的新综合，它的精彩就全在这综合上面见出。在未综合之前，意象是散漫凌乱的；在既综合之后，意象是谐和整一的。这种综合的原动力就是情感。凡是文艺作品都不能拆开来看，说某一笔平凡，某一句精辟，因为完整的全体中各部分都是相依为命的。人的美往往在眼睛上现出，但是也要全体健旺，眼中精神才饱满，不能把眼睛单拆开来，说这是造化的"警句"。严沧浪说过："汉魏古诗，气象混沌，难以句摘；晋以还始有佳句。"这话本是见道语而实际上又不尽然。晋以还始有佳句，但是晋以还的好诗像任何时代的好诗一样，仍然"难以句摘"。比如《长信怨》的头两句"奉帚平明金殿开，暂将团扇共徘徊"，拆开来单看，本很平凡；但是如果没有这两句所描写的荣华冷落的情境，便显不出后两句的精彩。功夫虽从点睛见出，却从画龙做起。凡是欣赏或创造文艺作品，都要先注意到总印象，不可离开总印象而细论枝节。比如古诗《采莲曲》：

采莲复采莲，莲叶何田田！
鱼戏莲叶东，鱼戏莲叶南，
鱼戏莲叶西，鱼戏莲叶北。

单看起来，每句都无特色，合看起来，全篇却是一幅极幽美的意境。不仅汉魏古诗是如此，晋以后的作品如陈子昂的《登幽州台歌》：

前不见古人，后不见来者。
念天地之悠悠，独怆然而涕下。

也是要在总印象上玩味，决不能字斟句酌。晋以后的诗和晋以后的词大半都是细节胜于总印象，聪明气和斧凿痕迹都露在外面，这的确是艺术的衰落现象。

情感是综合的要素，许多本来不相关的意象如果在情感上能调协，便可形成完整的有机体，比如李太白的《长相思》收尾两句说：

　　相思黄叶落，白露点青苔。

钱起的《湘灵鼓瑟》收尾两句说：

　　曲终人不见，江上数峰青。

温飞卿的《菩萨蛮》前阙说：

　　水晶帘里颇黎枕，暖香惹梦鸳鸯锦。
　　江上柳如烟，雁飞残月天。

秦少游的《踏莎行》前阙说：

　　雾失楼台，月迷津渡，桃源望断无寻处。
　　可堪孤馆闭春寒，杜鹃声里斜阳暮。

这里加圈的字句所传出的意象都是物景，而这些诗词全体原来都是着重人事。我们仔细玩味这些诗词时，并不觉得人事之中猛然插入物景为不伦不类，反而觉得它们天生成地联络在一起，互相烘托，益见其美。这就由于它们在情感上是谐和的。单拿"曲终人不见，江上数峰青"两句诗来说，曲终人杳虽然与江上峰青绝不相干，但是这两个意象都可以传出一种凄清冷静的情感，所以它们可以调和。如果只说"曲终人不见"而无"江上数峰青"，或是只说"江上数峰青"而无"曲终人不见"，意味便索然了。从这个例子看，我们可以见出创造如何是平常意象的不平常的综合，诗如何要论总印象，以及情感如何使意象整一种种道理了。

因为有情感的综合，原来似散漫的意象可以变成不散漫，原来似重复的意象也可以变成不重复。《诗经》里面的诗大半每篇都有数章，而数章所说的话往往无大差别。例如《王风·黍离》：

彼黍离离，彼稷之苗。
行迈靡靡，中心摇摇。
知我者谓我心忧，不知我者谓我何求！
悠悠苍天，此何人哉？

彼黍离离，彼稷之穗。
行迈靡靡，中心如醉。

知我者谓我心忧，不知我者谓我何求！
悠悠苍天，此何人哉？

彼黍离离，彼稷之实。
行迈靡靡，中心如噎。
知我者谓我心忧，不知我者谓我何求！
悠悠苍天，此何人哉？

这三章诗每章都只更换两三个字，只有"苗""穗""实"三字指示时间的变迁，其余"醉""噎"两字只是为押韵而更换的，在意义上并不十分必要。三章诗合在一块儿不过是说："我一年四季心里都在忧愁。"诗人何必把它说一遍又说一遍呢？因为情感原是往复低徊、缠绵不尽的，这三章诗在意义上确似重复而在情感上则不重复。

总之，艺术的任务是在创造意象，但是这种意象必定是受情感饱和的。情感或出于己，或出于人，诗人对于出于己者须跳出来视察，对于出于人者须钻进去体验。情感最易感通，所以"诗可以群"。

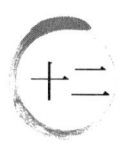 十二 "从心所欲,不逾矩"

——创造与格律

三、在艺术方面，受情感饱和的意象是嵌在一种格律里面的。

我们再拿王昌龄的《长信怨》来说，在上文我们已经从想象和情感两个观点研究过它，话虽然已经说得不少，但是如果到此为止，我们就不免抹杀了这首诗的一个极重要的成分。《长信怨》不仅是一种受情感饱和的意象，而且这个意象又是嵌在调声押韵的七绝体里面的。七绝是一种格律。《长信怨》的意象是王昌龄的特创，这种格律却不是他的特创。他以前有许多诗人用它，他以后也有许多诗人用它。它是诗人们父传子、子传孙的一套家当。其他如五古、七古、五律、七律以及词的谱调等等也都是如此。

格律的起源都是归纳的，格律的应用都是演绎的。它本来是自然律，后来才变为规范律。

专就诗来说，我们来看格律如何本来是自然的。

诗和散文不同。散文叙事说理，事理是直截了当、一往无余的，所以它忌讳迂回往复，贵能直率流畅。诗遣兴表情，兴与情都是低徊往复、缠绵不尽的，所以它忌讳直率，贵有一唱三叹之音，使情溢于辞。粗略地说，散文大半用叙述语气，诗大半用惊叹语气。

拿一个实例来说，比如看见一位年轻姑娘，你如果把这段经验当作"事"来叙，你只需说："我看见一位年轻姑娘。"如果把它当作"理"来说，你只需说："她年纪轻所以漂亮。"事既叙过了，理既说明了，你就不必再说什么，听者就可以完全明白你的意思。但是如果你一见就爱上了她，你只说"我爱她"还不能了事，因为这句话只是叙述一桩事而不是传达一种情感，你是否真心爱她，旁人在这句话本身中还无从见出。如果你真心爱她，你此刻念她，过些时候还是念她，你的情感来而复去，去而复来，它是一个最不爽快的搅扰者。这种缠绵不尽的深情就要一种缠绵不尽的音节才表现得出。这个道理随便拿一首恋爱诗来看就会明白。比如古诗《华山畿》：

奈何许！天下人何限？慊慊只为汝！

这本来是一首极简短的诗，不是讲音节的好例，但是在这极短的篇幅中我们已经可以领略到一种缠绵不尽的情感，就因为它的音节虽短促却不直率。它的起句用"许"

字落脚,第二句虽然用一个和"许"字不协韵的"限"字,末句却仍回到和"许"字协韵的"汝"字落脚。这种音节是往而复返的。(由"许"到"限"是往,由"限"到"汝"是返。)它所以往而复返者,就因为情感也是往而复返的。这种道理在较长的诗里更易见出,你把《诗经》中《卷耳》或是上文所引过的《黍离》玩味一番,就可以明白。

韵只是音节中的一个成分。音节除韵以外,在章句长短和平仄交错中也可以见出。章句长短和平仄交错的存在理由也和韵一样,都是顺着情感的自然需要。分析到究竟,情感是心感于物的激动,和脉搏、呼吸诸生理机能都密切相关。这些生理机能的节奏都是抑扬相间、往而复返、长短轻重成规律的。情感的节奏见于脉搏、呼吸的节奏,脉搏、呼吸的节奏影响语言的节奏。诗本来就是一种语言,所以它的节奏也随情感的节奏于往复中见规律。

最初的诗人都无意于规律而自合于规律,后人研究他们的作品,才把潜在的规律寻绎出来。这种规律起初都只是一种总结账,一种统计,例如"诗大半用韵""某字大半与某字协韵""章句长短大半有规律""平声和仄声的交错次第大半如此如此"之类。这本来是一种自然律,后来作诗的人看见前人做法如此,也就如法炮制。从前诗人多用五言或七言,他们于是也用五言或七言;从前诗人五言起句用仄仄平平仄,次句往往用平平仄仄平,于是他们调声也用同样的次第。这样一来,自然律就变成规范律了。诗的声韵如此,其他艺术的格律也是如此,都是把前规看成定例。

艺术上的通行的做法是否可以定成格律,以便后人如法炮制呢?

这是一个很难的问题,绝对的肯定答复和绝对的否定答复都不免有流弊。从历史看,艺术的前规大半是先由自然律变为规范律,再由规范律变为死板的形式。一种作风在初盛时,自身大半都有不可磨灭的优点。后来闻风响应者得其形似而失其精神,有如东施学西施捧心,在彼为美者在此反适增其丑。流弊渐深,反动随起,于是文艺上有所谓的"革命运动"。文艺革命的首领本来要把文艺从格律中解放出来,但是他们的闻风响应者又把他们的主张定为新格律。这种新格律后来又因经形式化而引起反动。一波未平,一波又起。一部艺术史全是这些推陈翻新、翻新为陈的轨迹。王静安在《人间词话》里所以说:

四言敝而有《楚辞》,《楚辞》敝而有五言,五言敝而有七言,古诗敝而有律绝,律绝敝而有词。盖文体通行既久,染指遂多,自成习套,豪杰之士亦难于其中自出新意,故遁而作他体以自解脱。

十二 "从心所欲，不逾矩"

一切文体所以始盛终衰者皆由于此。

在西方文艺中，古典主义、浪漫主义、写实主义和象征主义相代谢的痕迹也是如此。各派有各派的格律，各派的格律都有因成习套而"敝"的时候。

格律既可"敝"，又何取乎格律呢？格律都有形式化的倾向，形式化的格律都有束缚艺术的倾向。我们知道这个道理，就应该知道提倡要格律的危险。但是提倡不要格律也是一桩很危险的事。我们固然应该记得格律可以变为死板的形式，但是我们也不要忘记第一流艺术家大半都是从格律中做出来的。比如陶渊明的五古，李太白的七古，王摩诘的五律以及温飞卿、周美成诸人所用的词调，都不是出自作者心裁。

提倡格律和提倡不要格律都有危险，这岂不是一个矛盾么？这并不是矛盾。创造不能无格律，但是只做到遵守格律的地步也决不足与言创造，我们现在把这个道理解剖出来。

诗和其他艺术都是情感的流露。情感是心理中极原始的一种要素。人在理智未发达之前先已有情感；在理智既发达之后，情感仍然是理智的驱遣者。情感是心感于物所起的激动，其中有许多人所共同的成分，也有某个人所特有的成分。这就是说，情感一方面有群性，一方面也有个性，群性是得诸遗传的，是永恒的，不易变化的；个性是成于环境的，是随环境而变化的。所谓的"心感于物"，就是以得诸遗传的本能的倾向对付随人而异、随时而异的环境。环境随人随时而异，所以人类的情感时时在变化；遗传的倾向为多数人所共同，所以情感在变化之中有不变化者存在。

这个心理学的结论与本题有什么关系呢？艺术是情感的返照，它也有群性和个性的分别，它在变化之中也要有不变化者存在。比如单拿诗来说，四言、五言、七言、古、律、绝、词的交替是变化，而音节的需要则为变化中的不变化者。变化就是创造，不变化就是因袭。把不变化者归纳成为原则，就是自然律。这种自然律可以用为规范律，因为它本来是人类共同的情感的需要。但是只有群性而无个性，只有整齐而无变化，只有因袭而无创造，也就不能产生艺术。末流忘记这个道理，所以往往把格律变成死板的形式。

格律在经过形式化之后往往使人受拘束，这是事实，但是这绝不是格律本身的罪过，我们不能因噎废食。格律不能束缚天才，也不能把庸手提拔到艺术家的地位。如果真是诗人，格律会受他奴使；如果不是诗人，有格律他的诗固然腐滥，无格律它也还是腐滥。

古今大艺术家大半都从格律入手。艺术须寓整齐于变化。一味齐整，如钟摆摇动声，固然是单调；一味变化，如市场嘈杂声，也还是单调。由整齐到变化易，由变化到整齐难。从整齐入手，创造的本能和特别情境的需要会使作者在整齐之中求变化以避免单调。从变化入手，则变化之上不能再有变化，本来是求新奇而结果却仍还于单调。

古今大艺术家大半后来都做到脱化格律的境界。他们都从束缚中挣扎得自由，从整齐中酝酿出变化。格律是死方法，全赖人能活用。善用格律者好比打网球，打到娴熟时虽无心于球规而自合于球规，在不识球规者看，球手好像纵横如意，略无迁就规范的痕迹；在识球规者看，他却处处循规蹈矩。姜白石说得好："文以文而工，不以文而妙。"工在格律而妙则在神髓风骨。

孔夫子自道修养经验说："七十而从心所欲，不逾矩。"这是道德家的极境，也是艺术家的极境。"从心所欲，不逾矩"，艺术的创造活动尽于这七个字了。"从心所欲"者往往"逾矩"，"不逾矩"者又往往不能"从心所欲"。凡是艺术家都要能打破这个矛盾。孔夫子到快要死的时候才做到这种境界，可见循格律而能脱化格律，大非易事了。

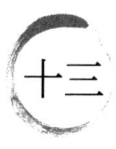 十三 不似则失其所以为诗，
　　　似则失其所以为我

　　　　　——创造与模仿

创造与格律的问题之外,还有一个和它密切相关的问题,就是创造与模仿。因袭格律本来就已经是一种模仿,不过艺术上的模仿并不限于格律,最重要的是技巧。

技巧可以分为两项说,一项是关于传达的方法,一项是关于媒介的知识。

先说传达的方法。我们在上文说过,凡是创造之中都有欣赏,但是创造却不仅是欣赏。创造和欣赏都要见到一种意境。欣赏见到意境就止步,创造却要再进一步,把这种意境外射到具体的作品上去。见到一种意境是一件事,把这种意境传达出来让旁人领略又是一件事。

比如我此刻想象到一个很美的夜景,其中园亭、花木、湖山、风月,件件都了然于心,可是我不能把它画出来。我何以不能把它画出来呢?因为我不能动手,不能像支配筋肉一样任意活动。我如果勉强动手,我所画出来的全不像我所想出来的,我本来要画一条直线,画出来的线却是七弯八扭,我的手不能听我的心指使。穷究到底,艺术的创造不过是手能从心，不过是能任所欣赏的意象支配筋肉的活动，使筋肉所变的动作恰能把意象画在纸上或是刻在石上。

这种筋肉活动不是天生自在的，它须费一番功夫才学得来。我想到一只虎不能画出一只虎来，但是我想到"虎"字却能信手写一个"虎"字出来。我写"虎"字毫不费事，但是不识字的农夫看我写"虎"字，正犹如我看画家画虎一样可惊羡。一只虎和一个"虎"字在心中时都不过是一种意象，何以"虎"字的意象能供我的手腕做写"虎"字的活动，而虎的意象却不能使我的手腕做画虎的活动呢？这个分别全在有练习与没有练习。我练习过写字，却没有练习过作画。我的手腕筋肉只有写"虎"字的习惯，没有画虎的习惯。筋肉活动成了习惯以后就非常纯熟，可以从心所欲，意到笔随；但是在最初养成这种习惯时，好比小孩子学走路，大人初学游水，都要跌几跤或是喝几次水，才可以学会。

各种艺术都各有它的特殊的筋肉的技巧。例如写字、作画、弹琴等等要有手腕筋肉的技巧，唱歌、吹箫要有喉舌唇齿诸筋肉的技巧，跳舞要有全身筋肉的技巧（严格地说，各种艺术都要有全身筋肉的技巧）。要想学一门艺术，就要先学它的特殊的筋肉的技巧。

十三 不似则失其所以为诗,似则失其所以为我

学一门艺术的特殊的筋肉技巧,要用什么方法呢?起初都要模仿。"模仿"和"学习"本来不是两件事。姑且拿写字作例来说。小儿学写字,最初是描红,其次是写印本,再其次是临帖。这些方法都是借旁人所写的字做榜样,逐渐养成手腕筋肉的习惯。但是就我自己的经验来说,学写字最得益的方法是站在书家的身旁,看他如何提笔,如何运用手腕,如何使全身筋肉力量贯注在手腕上。他的筋肉习惯已养成了,在实地观察他的筋肉如何动作时,我可以讨一点诀窍来,免得自己去暗中摸索,尤其重要的是免得自己养成不良的筋肉习惯。

推广一点说,一切艺术上的模仿都可以作如是观。比如说作诗作文,似乎没有什么筋肉的技巧,其实也是一理。诗文都要有情感和思想。情感都见于筋肉的活动,我们在前面已经说过。思想离不开语言,语言离不开喉舌的动作。比如想到"虎"字时,喉舌间都不免起若干说出"虎"字的筋肉动作。这是行为派心理学的创见,现在已逐渐为一般心理学家所公认。诗人和文人常欢喜说"思路",所谓"思路"并无若何玄妙,也不过是筋肉活动所走的特殊方向而已。

诗文上的筋肉活动是否可以模仿呢?它也并不是例外。中国诗人和文人向来注重"气"字,我们现在来把这个

"气"字研究一番,就可以知道模仿筋肉活动的道理。曾国藩在《家训》里说过一段话,很值得我们注意:

> 凡作诗最宜讲究声调,须熟读古人佳篇,先之以高声朗诵,以昌其气;继之以密咏恬吟,以玩其味。二者并进,使古人之声调拂拂然若与我喉舌相习,则下笔时必有句调奔赴腕下,诗成自读之,亦自觉琅琅可诵,引出一种兴会来。

从这段话看,可知"气"与声调有关,而声调又与喉舌运动有关。韩昌黎也说过:"气盛则言之短长与声之高下皆宜。"声本于气,所以想得古人之气,不得不求之于声。求之于声,即不能不朗诵。朱晦庵曾经说过:"韩昌黎、苏明允作文,敝一生之精力,皆从古人声响学。"所以从前古文家教人作文最重朗诵。

姚姬传与陈硕士书说:

> 大抵学古文者,必须放声疾读,又缓读,只久之自悟。若但能默看,即终身做外行也。

朗诵既久,则古人之声就可以在我的喉舌筋肉上留下痕迹,"拂拂然若与我之喉舌相习",到我自己下笔时,喉舌也自然顺着这个痕迹而活动,所谓的"必有句调奔赴腕下"。要看自己的诗文的气是否顺畅,也要吟哦才行,因为吟哦时喉舌间所习得的习惯动作就可以再现出来。从此可知从前人所谓的"气"也就是一种筋肉技巧了。

关于传达的技巧大要如此,现在再讲关于媒介的知识。

什么叫作媒介?它就是艺术传达所用的工具。比如颜色、线形是图画的媒介,金石是雕刻的媒介,文字语言是文学的媒介。艺术家对于他所用的媒介也要有一番研究。比如达·芬奇的《最后的晚餐》是文艺复兴时代最伟大的杰作。但是他的原迹是用一种不耐潮湿的油彩画在一个易受潮湿的墙壁上,所以没过多少时候就剥落消失了。这就是对于媒介欠研究。再比如建筑,它的媒介是泥石,它要把泥石砌成一个美的形象。建筑家都要有几何学和力学的知识,才能运用泥石;他还要明白他的媒介对于观者所产生的影响,才不至于乱用材料。希腊建筑家往往把石柱的腰部雕得比上下都粗壮些,但是看起来它的粗细却和上下一律,因为腰部是受压时最易折断的地方,容易引起它比上下较细弱的错觉,把腰部雕粗些,才可以弥补这种错觉。

在各门艺术之中都有如此等类的关于媒介的专门知识,文学方面尤其显著。诗文都以语言文字为媒介。作诗文的人一要懂得字义,二要懂得字音,三要懂得字句的排列法,四要懂得某字某句的音义对于读者所产生的影响。这四样都是专门的学问。前人对于这些学问已逐渐蓄积起许多经验和成绩,而不是任何人只手空拳、毫无凭借地在一生之内所可得到的。自己既不能件件去发明,就不得不利用前人的经验和成绩。文学家对于语言文字是如此,一切其他艺术家对于他的特殊的媒介也莫不然。各种艺术都同时是一种学问,都有无数年代所积成的技巧。学一门艺术,就要学该门艺术所特有的学问和技巧。这种学习就是利用过去经验,就是吸收已有文化,也就是模仿的一端。

古今大艺术家在少年时所做的功夫大半都偏在模仿。米开朗琪罗费过半生的功夫研究希腊罗马的雕刻,莎士比亚也费过半生的功夫模仿和改作前人的剧本,这是最显著的例子。中国诗人中最不像用过功夫的莫过于李太白,但是他的集中模拟古人的作品极多,只略看看他的诗题就可以见出。杜工部说过:"李侯有佳句,往往似阴铿。"他自己也说过:"解道长江静如练,令人长忆谢玄晖。"他对于过去诗人的关系可以想见了。

艺术家从模仿入手,正如小儿学语言,打网球者学姿势,跳舞者学步法一样,并没有什么玄妙,也并没有什么荒唐。不过这步功夫只是创造的始基。没有做到这步功夫和做到

十三 不似则失其所以为诗，似则失其所以为我

这步功夫就止步，都不足以言创造。我们在前面说过，创造是旧经验的新综合。旧经验大半得诸模仿，新综合则必自出心裁。

像格律一样，模仿也有流弊，但是这也不是模仿本身的罪过。从前学者有人提倡模仿，也有人唾骂模仿，往往都各有各的道理，其实并不冲突。顾亭林的《日知录》里有一条说：

> 诗文之所以代变，有不得不然者。一代之文，沿袭已久，不容人人皆道此语。今且千数百年矣，而犹取古人之陈言一一而模仿之，以是为诗可乎？故不似则失其所以为诗，似则失其所以为我。

这是一段极有意味的话，但是他的结论是突如其来的。"不似则失其所以为诗"一句和上文所举的理由恰相反。他一方面见到模仿古人不足以为诗，一方面又见到不似古人则失其所以为诗。这不是一个矛盾么？

这其实并不是矛盾。诗和其他艺术一样，须从模仿入手，所以不能不似古人，不似则失其所以为诗；但是它须归于创造，所以又不能全似古人，全似古人则失其所以为我。创造不能无模仿，但是只有模仿也不能算是创造。

凡是艺术家都须一半是诗人,一半是匠人。他要有诗人的妙悟,要有匠人的手腕。只有匠人的手腕而没有诗人的妙悟,固不能有创作;只有诗人的妙悟而没有匠人的手腕,即使创作亦难尽善尽美。妙悟来自性灵,手腕则可得于模仿。匠人虽比诗人身份低,但亦绝不可少,青年作家往往忽略这一点。

十四　读书破万卷，下笔如有神

——天才与灵感

知道格律和模仿对于创造的关系,我们就可以知道天才和人力的关系了。

生来死去的人何止恒河沙数?真正的大诗人和大艺术家是在一口气里就可以数得完的。何以同是人,有的能创造,有的不能创造呢?在一般人看来,这全是由于天才的厚薄。他们以为艺术全是天才的表现,于是天才成为懒人的借口。聪明人说,我有天才,有天才何事不可为?用不着去下功夫。迟钝人说,我没有艺术的天才,就是下功夫也无益。于是艺术方面就无学问可谈了。

"天才"究竟是怎么一回事呢?

它自然有一部分得诸遗传。有许多学者常欢喜替大创造家和大发明家整理家谱,说莫扎特有几代祖宗会音乐,达尔文的祖父也是生物学家,曹操一家出了几个诗人。这种证据固然有相当的价值,但是它决不能完全解释天才。同父母的兄弟贤愚往往相差很远,曹操的祖宗有什么大成就呢?曹操的后裔又有什么大成就呢?

天才自然也有一部分成于环境。假令莫扎特生在音阶简单、乐器拙陋的蒙昧民族中,也绝不能作出许多复音的交响曲。"社会的遗产"是不可蔑视的。文艺批评家常欢喜说,伟大的人物都是他们的时代的骄子,艺术是时代和环境的产品。这话也有不尽然。同是一个时代而成就却往往不同。英国在产生莎士比亚的时代和西班牙是一般隆盛,而当时西班牙并没有产生伟大的作者。伟大的时代不一定能产生伟大的艺术。美国的独立、法国的大革命在近代都是极重大的事件,而当时艺术却卑卑不足高论。伟大的艺术也不必有伟大的时代做背景,席勒和歌德的时代,德国还是一个没有统一的纷乱的国家。

我承认遗传和环境的影响非常重大,但是我相信它们都不能完全解释天才。在固定的遗传和环境之下,个人还有努力的余地。遗传和环境对于人只是一个机会,一种本钱,至于能否利用这个机会,能否拿这笔本钱去做出生意来,则所谓的"神而明之,存乎其人"。有些人天资颇高而成就则平凡,他们好比有大本钱而没有做出大生意;也有些人天资并不特异而成就则斐然可观,他们好比拿小本钱而做出大生意。这中间的差别就在努力与不努力了。牛顿可以说是科学家中的一个天才了,他常常说:"天才只是长久的耐苦。"这话虽似稍嫌过火,却含有很深的真理。只有死功夫固然不尽能发明或创造,但是能发明创造者却大半是下过死功夫来的。哲学中的康德、科学中的牛顿、雕刻图画中的米开朗琪罗、音乐中的贝多芬、书法中的王羲之、诗中的杜工部,这些实例已经够证明人力的重要,又何必多举呢?

最容易显出天才的地方是灵感。我们只需就灵感研究一番,就可以见出天才的完成不可无人力了。

杜工部尝自道经验说:"读书破万卷,下笔如有神。"所谓的"灵感"就是杜工部所说的"神","读书破万卷"是功夫,"下笔如有神"是灵感。据杜工部的经验看,灵感是从功夫出来的。如果我们借心理学的帮助来分析灵感,也可以得到同样的结论。

灵感有三个特征:

一、它是突如其来的,出于作者自己意料之外的。根据灵感的作品大半来得极快。从表面看,我们寻不出预备的痕迹。作者丝毫不费心血,意象涌上心头时,他只要信笔疾书。有时作品已经创造成功了,他自己才知道无意中又成了一件作品。歌德著《少年维特之烦恼》的经过,便是如此。据他自己说,他有一天听到一位少年失恋自杀的消息,突然间仿佛见到一道光在眼前闪过,立刻就想出全书的框架。他费了两个星期的功夫一口气把它写成。在复看原稿时,他自己很惊讶,没有费力就写成一本书,告诉

人说:"这部小册子好像是一个患睡行症(梦游症)者在梦中作成的。"

二、它是不由自主的,有时苦心搜索而不能得的偶然在无意之中涌上心头。希望它来时它偏不来,不希望它来时它却蓦然出现。法国音乐家柏辽兹有一次替一首诗作乐谱,全诗都谱成了,只有收尾一句("可怜的兵士,我终于要再见法兰西!")无法可谱。他再三思索,不能想出一段乐调来传达这句诗的情思,终于把它搁起。两年之后,他到罗马去玩,失足落水,爬起来时口里所唱的乐调,恰是两年前所再三思索而不能得的。

三、它也是突如其去的,练习作诗文的人大半都知道"败兴"的味道。"兴"也就是灵感。诗文和一切艺术一样都宜于乘兴会来时下手。兴会一来,思致自然滔滔不绝。没有兴会时写一句极平常的话倒比写什么还难。兴会来时最忌外扰。本来文思正在源源而来,外面狗叫一声,或是墨水猛然打倒了,便会把思路打断。断了之后就想尽方法也接不上来。谢无逸问潘大临近来作诗没有,潘大临回答说:"秋来日日是诗思。昨日捉笔得'满城风雨近重阳'之句,忽催租人至,令人意败。辄以此一句奉寄。"这是"败兴"的最好的例子。

灵感既然是突如其来,突然而去,不由自主,那不就无法用人力来解释么？从前的人大半以为灵感非人力，以为它是神灵的感动和启示。在灵感之中，仿佛有神灵凭附作者的躯体，暗中驱遣他的手腕，他只是坐享其成。但是从近代心理学发现潜意识活动之后，这种神秘的解释就不能成立了。

什么叫作"潜意识"呢？我们的心理活动不尽是自己所能觉到的。自己的意识所不能察觉到的心理活动就属于潜意识。意识既不能察觉到，我们何以知道它存在呢？变态心理中有许多事实可以为凭。比如说催眠，受催眠者可以谈话、做事、写文章、做数学题，但是醒过来后对于催眠状态中所说的话和所做的事往往完全不知道。此外还有许多精神病人现出"双重人格"。例如一个人乘火车在半途跌下，把原来的经验完全忘记，换过姓名在附近镇市上做了几个月的买卖。有一天他忽然醒过来，发现身边的事物都是不认识的，才自疑何以走到这么一个地方。旁人告诉他说他在那里开过几个月的店，他绝对不肯相信。心理学家根据许多类似事实，断定人于意识之外又有潜意识，在潜意识中也可以运用意志、思想，受催眠者和精神病人便是如此。在通常健全的心理中，意识压倒潜意识，只让它在暗中活动。在变态心理中，意识和潜意识交替来去。它们完全分裂开来，意识活动时潜意识便沉下去，潜意识涌现时,便把意识淹没。

　　灵感就是在潜意识中酝酿成的情思猛然涌现于意识。它好比伏兵,在未开火之前,只是鸦雀无声地准备,号令一发,它乘其不备地发动总攻击,一鼓而下敌。在没有侦探清楚的敌人(意识)看来,它好比周亚夫将兵从天而至一样。这个道理我们可以拿一件浅近的事实来说明。我们在初练习写字时,天天觉得自己在进步,过几个月之后,进步就猛然停顿下来,觉得字越写越坏。但是再过些时候,自己又猛然觉得进步。进步之后又停顿,停顿之后又进步,如此辗转几次,字才写得好。学别的技艺也是如此。据心理学家的实验,在进步停顿时,你如果索性不练习,把它丢开去做旁的事,过些时候再起手来写,字仍然比停顿以前较进步。这是什么道理呢?就因为<u>在意识中思索的东西应该让它在潜意识中酝酿一些时候才会成熟</u>。功夫没有错用的,你自己以为劳而不获,但是你在潜意识中实在仍然于无形中收效果。所以心理学家有"夏天学溜冰,冬天学泅水"的说法。溜冰本来是在前一个冬天练习的,今年夏天你虽然是在做旁的事,没有想到溜冰,但是溜冰的筋肉技巧却恰在这个不溜冰的时节暗里培养成功。一切脑的工作也是如此。

　　<u>灵感是潜意识中的工作在意识中的收获</u>。它虽是突如

其来,却不是毫无准备。法国大数学家潘嘉贲常说他的关于数学的发明大半是在街头闲逛时无意中得来的。但是我们从来没有听过有一个人向来没有在数学上用功夫,猛然在街头闲逛时发明数学上的重要原则。在罗马落水的如果不是素习音乐的柏辽兹,跳出水时也绝不会随口唱出一曲乐调,他的乐调是费过两年的潜意识酝酿的。

　　从此我们可以知道"读书破万卷,下笔如有神"两句诗是至理名言了。不过灵感的培养正不必限于读书。人只要留心,处处都是学问。艺术家往往在他的艺术范围之外下功夫,在别种艺术之中玩索得一种意象,让它沉在潜意识里去酝酿一番,然后再用他的本行艺术的媒介把它翻译出来。吴道子生平得意的作品为洛阳天宫寺的神鬼,他在下笔之前,先请斐旻舞剑一回给他看,在剑法中得着笔意。张旭是唐朝的草书大家,他尝自道经验说:"始吾见公主担夫争路,而得笔法之意;后见公孙氏舞剑器,而得其神。"王羲之的书法相传是从看鹅掌拨水得来的。法国大雕刻家罗丹也说道:"你问我在什么地方学来的雕刻?在深林里看树,在路上看云,在雕刻室里研究模型学来的。我在到处学,只是不在学校里。"

　　从这些实例看,我们可知各门艺术的意象都可触类旁通。书画家可以从剑的飞舞或鹅掌的拨动之中得到一种特殊的筋肉感觉来助笔力,可以得到一种特殊的胸襟来增进书画的神韵和气势。推广一点说,凡是艺术家都不宜只在本行小范围之内用功夫,须处处留心玩索,才有深厚的修养。鱼跃鸢飞,风起水涌,以至于一尘之微,当其接触感官时我们虽常不自觉其在心灵中可生若何影响,但是到挥毫运斤时,它们都会涌到手腕上来,在无形中驱遣它,左右它。在作品的外表上我们虽不必看出这些意象的痕迹,但是一笔一画之中都潜寓它们的神韵和气魄。这样意象的蕴蓄便是灵感的培养。

十五　慢慢走，欣赏啊！

——人生的艺术化

一直到现在,我们都是讨论艺术的创造与欣赏。在收尾这一节中,我提议约略说明艺术和人生的关系。

我在开章明义时就着重美感态度和实用态度的分别,以及艺术和实际人生之间所应有的距离。如果话说到这里为止,你也许误解我把艺术和人生看成漠不相关的两件事,我的意思并不如此。

人生是多方面而却相互和谐的整体,把它分析开来看,我们说某部分是实用的活动,某部分是科学的活动,某部分是美感的活动,为正名析理起见,原应有此分别;但是我们不要忘记,完满的人生见于这三种活动的平均发展,它们虽是可分别的却不是互相冲突的。实际人生比整个人生的意义较为窄狭。一般人的错误在把它们认为相等,以为艺术对于实际人生既是隔着一层,它在整个人生中也就没有什么价值。有些人为维护艺术的地位,又想把它硬纳到"实际人生"的小范围里去。这帮人不但是误解艺术,而且也没有认识人生。我们把实际生活看作整个人生之中的一

片段,所以在肯定艺术与实际人生的距离时,并非肯定艺术与整个人生的隔阂。严格地说,离开人生便无所谓艺术,因为艺术是情趣的表现,而情趣的根源就在人生;反之,离开艺术也便无所谓人生,因为凡是创造和欣赏都是艺术的活动,无创造、无欣赏的人生是一个自相矛盾的名词。

人生本来就是一种较广义的艺术。每个人的生命史就是他自己的作品。这种作品可以是艺术的,也可以不是艺术的,正犹如同是一种顽石,这个人能把它雕成一座伟大的雕像,而另一个人却不能使它"成器",分别全在性分与修养。知道生活的人就是艺术家,他的生活就是艺术作品。

过一世生活好比做一篇文章,完美的生活都有上品文章所应有的美点。

第一,一篇好文章一定是一个完整的有机体,其中全体与部分都息息相关,不能稍有移动或增减。一字一句之中都可以见出全篇精神的贯注。比如陶渊明的《饮酒》诗本来是"采菊东篱下,悠然见南山",后人把"见"字误印为"望"字,原文的自然与物相遇相得的神情便完全丧失。这种艺术的完整性在生活中叫作"人格"。凡是完美的生活都是人格的表现。大而进退取与,小而声音笑貌,都没有一件和全人格相冲突。不肯为五斗米折腰向乡里小儿,是陶渊明的生命史中所应有的一段文章,如果他错过这一个小节，便失其为陶渊明。下狱不肯脱逃，临刑时还叮咛嘱咐还邻人一只鸡的债，是苏格拉底的生命史中所应有的一段文章，否则他便失其为苏格拉底。这种生命史才可以使人把它当作一幅图画去惊赞，它就是一种艺术的杰作。

其次，"修辞立其诚"是文章的要诀，一首诗或是一篇美文一定是至性深情的流露，存于中然后形于外，不容有丝毫假借。情趣本来是物我交感共鸣的结果。景物变动不居，情趣亦自生生不息。我有我的个性，物也有物的个性，这种个性又随时地变迁而生长发展。每人在某一时会所见到的景物，和每种景物在某一时会所引起的情趣，都有它的特殊性，断不容与另一人在另一时会所见到的景物，和另一景物在另一时会所引起的情趣完全相同。毫厘之差，微妙所在。在这种生生不息的情趣中，我们可以见出生命的造化。把这种生命流露于语言文字，就是好文章；把它流露于言行风采，就是美满的生命史。

文章忌俗滥，生活也忌俗滥。俗滥就是自己没有本色而蹈袭别人的成规旧矩。西施患心病，常捧心颦眉，这是自然的流露，所以愈增其美。东施没有心病，强学捧心颦眉的姿态，只能引人嫌恶。在西施是创作，在东施便是滥调。滥调起于生命的干枯，也就是虚伪的表现。"虚伪的表现"就是"丑"，克罗齐已经说过。"风行水上，自然成纹"，文章的妙处如此，生活的妙处也是如此。在什么地位，是怎样的人，感到怎样的情趣，便现出怎样的言行风采，叫人一见就觉其谐和完整，这才是艺术的生活。

俗语说得好："唯大英雄能本色。"所谓艺术的生活就是本色的生活。世间有两种人的生活最不艺术，一种是俗人，一种是伪君子。"俗人"根本就缺乏本色，"伪君子"则竭力遮盖本色。朱晦庵有一首诗说：

半亩方塘一鉴开，天光云影共徘徊。
问渠哪得清如许？为有源头活水来。

艺术的生活就是有"源头活水"的生活。俗人迷于名利，与世浮沉，心里没有"天光云影"，就因为没有源头活水。他们的大病是生命的干枯。"伪君子"则于这种"俗人"的资格之上，又加上"沐猴而冠"的伎俩。他们的特点不仅见于道德上的虚伪，一言一笑、一举一动，都叫人起不美之感。谁知道风流名士的架子之中掩藏了几多行尸走肉？无论是"俗人"或是"伪君子"，他们都是生活中的"苟且者"，都缺乏艺术家在创造时所应有的良心。像柏格森所说的，他们都是"生命的机械化"，只能做喜剧中的角色，生活落到喜剧里去的人大半都是不艺术的。

十五 慢慢走，欣赏啊！

艺术的创造之中都必寓有欣赏，生活也是如此。一般人对于一种言行常欢喜说它"好看""不好看"，这已有几分是拿艺术欣赏的标准去估量它。但是一般人大半不能彻底，不能拿一言一笑、一举一动纳在全部生命史里去看，他们的"人格"观念太淡薄，所谓的"好看""不好看"往往只是"敷衍面子"。善于生活者则彻底认真，不让一尘一芥妨碍整个生命的和谐。一般人常以为艺术家是一帮最随便的人，其实在艺术范围之内，艺术家是最严肃不过的。在锻炼作品时常呕心呕肝，一笔一画也不肯苟且。王荆公作"春风又绿江南岸"一句诗时，原来"绿"字是"到"字，后来由"到"字改为"过"字，由"过"字改为"入"字，由"入"字改为"满"字，改了十几次之后才定为"绿"字。即此一端便可以想见艺术家的严肃了。善于生活者对于生活也是这样认真。曾子临死时记得床上的席子是季路的，一定叫门人把它换过才瞑目。吴季札心里已经暗许赠剑给徐君，没有实行徐君就已死去，他很郑重地把剑挂在徐君墓旁的树上，以见"中心契合死生不渝"的风谊。像这一类的言行看来虽似小节，而善于生活者却不肯轻易放过，正犹如诗人不肯轻易放过一字一句一样。小节如此，大节更不消说。董狐宁愿断头不肯掩盖史实，夷齐饿死不愿降周，这种风度是道德的也是艺术的。我们主张人生的艺术化，就是主张对于人生的严肃主义。

艺术家估定事物的价值,全以它能否纳入和谐的整体为标准,往往出于一般人意料之外。他能看重一般人所看轻的,也能看轻一般人所看重的。在看重一件事物时,他知道执着;在看轻一件事物时,他也知道摆脱。艺术的能事不仅见于知所取,尤其见于知所舍。苏东坡论文,谓如水行山谷中,行于其所不得不行,止于其所不得不止。这就是取舍恰到好处,艺术化的人生也是如此。善于生活者对于世间一切,也拿艺术的口味去评判它,合于艺术口味者毫毛可以变成泰山,不合于艺术口味者泰山也可以变成毫毛。他不但能认真,而且能摆脱。在认真时见出他的严肃,在摆脱时见出他的豁达。孟敏堕甑,不顾而去,郭林宗见到以为奇怪。他说:"甑已碎,顾之何益?"哲学家斯宾诺莎宁愿靠磨镜过活,不愿当大学教授,怕妨碍他的自由。王徽之居山阴,有一天夜雪初霁,月色清朗,忽然想起他的朋友戴逵,便乘小舟到剡溪去访他,刚到门口便把船划回去。他说:"乘兴而来,兴尽而返。"这几件事彼此相差很远,却都可以见出艺术家的豁达。伟大的人生和伟大的艺术都要同时并有严肃与豁达之胜。晋代清流大半只知道豁达而不知道严肃,宋朝理学又大半只知道严肃而不知道豁达,陶渊明和杜子美庶几算得恰到好处。

一篇生命史就是一种作品,从伦理的观点看,它有善恶的分别;从艺术的观点看,它有美丑的分别。善恶与美丑的关系究竟如何呢?

就狭义说,伦理的价值是实用的,美感的价值是超实用的;伦理的活动都是有所为而为,美感的活动则是无所为而为。比如仁义忠信等等都是善,问它们何以为善,我们不能不着眼到人群的幸福。美之所以为美,则全在美的形象本身,不在它对于人群的效用(这并不是说它对于人群没有效用)。假如世界上只有一个人,他就不能有道德的活动,因为有父子才有慈孝可言,有朋友才有信义可言。但是这个想象的孤零零的人还可以有艺术的活动,他还可以欣赏他所居的世界,他还可以创造作品。善有所赖而美无所赖,善的价值是"外在的",美的价值是"内在的"。

不过这种分别究竟是狭义的。就广义说,善就是一种美,恶就是一种丑。因为伦理的活动也可以引起美感上的欣赏与嫌恶。希腊大哲学家柏拉图和亚里士多德讨论伦理问题时都以为善有等级,一般的善虽只有外在的价值,而"至高的善"则有内在的价值。这所谓的"至高的善"究竟是什么呢?柏拉图和亚里士多德本来是一个走理想主义的极端,一个走经验主义的极端,但是对于这个问题,意见却一致。他们都以为"至高的善"在"无所为而为的玩索"

（Disinterested Contemplation）。这种见解在西方哲学思潮上影响极大，斯宾诺莎、黑格尔、叔本华的学说都可以参证。从此可知西方哲人心目中的"至高的善"还是一种美，最高的伦理的活动还是一种艺术的活动了。

"无所为而为的玩索"何以看成"至高的善"呢？这个问题涉及西方哲人对于神的观念。从耶稣教盛行之后，神才是一个大慈大悲的道德家。在希腊哲人以及近代莱布尼兹、尼采、叔本华诸人的心目中，神却是一个大艺术家，他创造这个宇宙出来，全是为着自己要创造，要欣赏。其实这种见解也并不降低神的身份。耶稣教的神只是一帮穷叫花子中的一个肯施舍的财主佬，而一般哲人心中的神，则是以宇宙为乐曲而要在这种乐曲之中见出和谐的音乐家。这两种观念究竟哪一个伟大呢？在西方哲人想，神是一个精灵，他的活动绝对自由而不受限制，至于人则为肉体的需要所限制而不能绝对自由。人愈能脱肉体需求的限制而做自由活动，则离神亦愈近。"无所为而为的玩索"是唯一的自由活动，所以成为最高的理想。

这番话似乎有些玄渺，在这里本来不应说及。不过无论你相信不相信，有许多思想却值得当作一个意象悬在心眼前来玩味玩味。我自己在闲暇时也欢喜看看哲学书籍。老实说，我对于许多哲学家的话都很怀疑，但是我觉得他们有趣。我以为穷到究竟，一切哲学系统也都只能当作艺术作品去看。哲学和科学穷到极境，都是要满足求知的欲望。每个哲学家和科学家对于他自己所见到的一点真理（无论它究竟是不是真理）都觉得有趣味，都用一股热忱去欣赏它。真理在离开实用而成为情趣中心时就已经是美感的对象了。"地球绕日运行""勾方加股方等于弦方"一类的科学事实，和《密罗斯爱神》或《第九交响曲》一样可以摄魂震魄。科学家去寻求这一类的事实，穷到究竟，也正因为它们可以摄魂震魄。所以科学的活动也还是一种艺术的活动，不但善与美是一体，真与美也并没有隔阂。

艺术是情趣的活动，艺术的生活也就是情趣丰富的生活。人可以分为两种，一种是情趣丰富的，对于许多事物都觉得有趣味，而且到处寻求享受这种趣味；一种是情趣干枯的，对于许多事物都觉得没有趣味，也不去寻求趣味，只终日拼命和蝇蛆在一块儿争温饱。后者是俗人，前者就是艺术家。情趣愈丰富，生活也愈美满，所谓人生的艺术化就是人生的情趣化。

"觉得有趣味"就是欣赏。你是否知道生活，就看你对于许多事物能否欣赏。欣赏也就是"无所为而为的玩索"。在欣赏时人和神仙一样自由，一样有福。

阿尔卑斯山谷中有一条大汽车路，两旁景物极美，路上插着一个标语牌劝告游人说："慢慢走,欣赏啊!"许多人在这车如流水马如龙的世界过活,恰如在阿尔卑斯山谷中乘汽车兜风,匆匆忙忙地急驰而过,无暇一回首流连风景,于是这丰富华丽的世界便成为一个了无生趣的囚牢。这是一件多么可惋惜的事啊!

朋友,在告别之前,我采用阿尔卑斯山路上的标语,在中国人告别习用语之下加上三个字奉赠:

"慢慢走,欣赏啊!"

光潜

一九三二年夏,莱茵河畔

谈读书

我与文学

我生平有一种坏脾气,每到市场去闲逛,见一样就想买一样。无论是怎样无用的破铜烂铁,只要我一时高兴,就保留不住腰包里最后的一文钱。我做学问也是如此,今天丢开雪莱,去看守熏烟鼓测量反应动作,明天又丢开柏拉图,去在古罗马地道阴森曲折的坟窟中溯哥特式大教寺的起源。我已经整整地做过三十年的学生,这三十年的光阴都是这样东打一拳西踢一脚地过去了。

在现代社会制度和学问状况之下,百科全书式的学者已经没有存在的可能,一个人总得在许多同样有趣的路径之中选择一条出来走。这已经成为学术界中不成文的宪法,所以读书人初见面,都有一番寒暄套语:"您学哪一科?""文科。""哪一门?""文学。"假如发问者也是学文学的,于是"哪一国文学?哪一方面?哪一时代?哪一个作者"等问题就接着逼来了。我也屡次被人这样一层紧逼一层地盘问过,虽然也照例回答,心中总不免有几分羞意,我何尝专门研究文学?何况是哪一方面和哪一时代的文学呢!

在许多歧途中,我也碰上文学这条路,说来也颇堪一笑。我立志研究文学,完全由于字义的误解。我在幼时所接触的小知识阶级中,"研究文学"四个字只有两种流行的含义:作过几首诗,发表过几篇文章,甚至翻译过几篇《伊索寓言》或是《安徒生童话》,就算"研究文学"。其次随便哼哼诗念念文章,或是看看小说,也是"研究文学"。我幼时也欢喜哼哼诗念念文章,自以为比作诗发表文章者固不敢望尘,若云哼诗念文即研究文学,则我亦何敢多让?这是我走上文学路的一个大原因。

谁知道区区字义的误解就误了我半世的光阴!到欧洲后见到西方"研究文学"者所做的工作以及他们所有的准备,才懂庄子海若望洋而叹的比喻,才知道"研究文学"这个玩意儿并不像我原来所想象的那样简单,尤其不像我原来所想象的那样有趣。文学并不是一条直路通天边,由你埋头一直向前走就可以走到极境的。"研究文学"也要绕许多弯路,也要做许多枯燥辛苦的工作。学了英文还要学法文,学了法文还要学德文、希腊文、意大利文、印度文等;时代的背景常把你拉到历史、哲学和宗教的范围里去;文艺原理又逼你去问津图画、音乐、美学、心理学等学问。这一场官司简直没有方法打得清!学科学的朋友们往往羡慕学文学者天天可以消闲自在地哼诗看小说是幸福，不像他们自己天天要埋头记枯燥的公式，搜罗枯燥的事实。其实我心里有苦说不出，早知道"研究文学"原来要这样东奔西窜，悔不如学得一件手艺，备将来自食其力。我现在还时时存着学做小儿玩具或编藤器的念头。学会做小儿玩具或编藤器，我还是可以照旧哼诗念文章，但是遇到一般人对于"研究文学"者"专门哪一方面"式的问题就可以名正言顺地置之不理了。那是多么痛快的一大解脱！

  我这番话并不是要唐突许多在外国大学中预备博士论文者，只是向国内一帮青年自道甘苦。青年们免不掉像我一样有一个嗜好文艺的时期，在现代中国学风之中，也恐怕免不掉像我一样以哼诗念文章为"研究文学"。倘若他们再像我一样因误解字义而走上错路，自然也难免有一日要懊悔。文艺像历史、哲学两种学问一样，有如金字塔，要铺下一个很宽广笨重的基础，才可以逐渐砌成一个尖顶出来。如果入手就想造成一个尖顶，结果只有倒塌。中国学者对于西方文艺思想和政教已有半世纪的接触了，而仍然有隔膜，不能不归咎于只想望尖顶而不肯顾到基础。在文艺、哲学、历史三种学问中，"专门"和"研究工作"种种好听的名词，在今日中国实在都还谈不到。

  这番话只是一个已经失败者对于将来想成功者的警告。

如果不死心塌地地做基础工作，哼哼诗念念文章可以，随便作作诗发表几篇文章也可以，只是不要去"研究文学"。像我费过二三十年功夫的人还要走回头来学编藤器做小儿玩具，你说冤枉不冤枉！

诗的主观与客观

诗是情趣的流露,但是情趣不必尽能流露于诗。一般人都时或感到很强烈的乃至于很微妙的情趣,以为这就是"诗意",所以往往有自己是诗人的幻觉。他们常抱怨自己没有文学训练,以至于叫胸中许多"诗意"都埋没去了。意大利美学家克罗齐曾替他们取过"哑口诗人"的诨号。其实诗人没有哑口的,没有到开口时,就还不成为诗人。诗和"诗意"是两回事,诗一定要有作品,一定要把"诗意"外射于具体的形象,叫旁人看得见。

有情趣何以往往不能流露于诗呢?诗的情趣并不是生糙自然的情趣,它必定经过一番冷静的观照和融化洗练的功夫。一般人和诗人同样感受情趣,但是有一个重要的分别。一般人感受情趣时便为情趣所羁縻,当其忧喜,若不自胜,忧喜既过,便不复在想象中留一种余波反照。诗人感受情趣尽管较一般人更热烈,却能跳开所感受的情趣,站在旁边来很冷静地把它当作意象来观赏玩索。英国诗人华兹华斯(William Wordsworth)尝自道经验说:"诗起于沉静中所回味得来的情绪。"这是一句至理名言。感受情趣而能在沉静中回味，就是诗人的特殊本领。一般人的情绪好比雨后行潦，夹杂污泥朽木奔泻，来势浩荡，去无踪影。诗人的情绪好比冬潭积水，渣滓沉淀净尽，清莹澄澈，天光云影，灿然耀目。这种水是渗沥过来的，"沉静中的回味"便是它的渗沥手续，灵心妙悟便是渗沥器。

在感受时，悲欢怨爱，两两相反；在回味时，欢爱固然可欣，悲怨亦复有趣。从感受到回味，是由实际世界跳到意象世界，从实用态度变为美感态度。在实用世界中处处都是牵绊冲突，可喜者引起营求，可悲者引起畏避；在意象世界中尘忧俗虑都洗濯净尽，可喜者我无须营求，可悲者我亦无须畏避，所以相冲突者可以各得其所，相安无碍。情趣尽管有千差万别，它们对于诗人却同是欣赏的对象。懂得这个道理，我们可以明白孔子称赞《关雎》何以特重其"乐而不淫，哀而不伤"。懂得这个道理，我们也可以明白古希腊人何以把和平静穆看成诗的极境，把诗神阿波罗摆在山巅，俯瞰众生扰攘，而眉宇间却常如做甜蜜梦，不露一丝被扰动的神色（至少希腊雕刻中所表现的阿波罗是如此）。

诗的情趣都从沉静中回味得来。感受情趣是能入，回味情趣是能出。诗人对于情趣都要能入能出。单就能入说，他是主观的;单就能出说,他是客观的。能入而不能出,或能出而不能入,都不能成为大诗人,所以"主观的"和"客观的"是一个村俗的分别。班婕妤的《怨歌行》、蔡琰的《悲愤诗》、李后主的《相见欢》、杜甫的《奉先咏怀》和《北征》,都是痛定思痛,入而能出,是主观的也是客观的。陶渊明的《闲情赋》、李白的《长干行》、杜甫的《石壕吏》和《无家别》、韦庄的《秦妇吟》,都是体物入微,出而能入,是客观的也是主观的。

19世纪中法国诗坛上曾经发生过一次很大的争执,就是帕尔纳斯派对于浪漫主义的反动。在浪漫派看来,诗本是抒情的,而情感全是切己的,诗人就要把自己的悲欢怨爱赤裸裸地写出来,就算尽了职责。帕尔纳斯派诗人嫌这种主观的描写太偏于唯我主义,不免使诗变成个人怪癖的表现。他们要换过花样来,采取所谓的"不动情感主义",专站在客观的地位描写恬静幽美的意象,使诗变成和雕刻一样冷静明晰(在散文方面这个反动就是写实主义)。从这种争执发生之后,德国哲学家们所铸造的"主观的"和"客观的"一个分别便被浅人硬拉到文学上面来,一般人于是以为文学原有"主观的"和"客观的"两种。"主观的"信任自己的情感,描写自己的经验;"客观的"则把"我"丢开,持冷静的科学态度去观察人情世相。中国近来也有人常拿这些名词摆在口头。其实"主观的"和"客观的"虽各有所偏向，在实际上并不冲突。诗的情趣都须从沉静中回味得来，所以主观的作品都必须同时是客观的。诗也可以描写旁人的情趣，但诗人要了解旁人的情趣，必先设身处地，才能体物入微，所以客观的亦必同时是主观的。老子说："故常无欲以观其妙，常有欲以观其微。"无欲以观其妙，便是所谓的"客观的""不动情感主义"，有欲以观其微，便是所谓的"主观的"。真正的大诗人都要同时具有这两种本领。

王静安的《浣溪沙》

王静安先生在《人间词乙稿》序里说他自己的生平得意之作仅三四首,其第一首即《浣溪沙》,原词如下:

  天末彤云黯四垂,失行孤雁逆风飞,江湖寥落尔安归?
  陌上挟丸公子笑,闺中调醯丽人嬉,今宵欢宴胜平时。

他自己的评语是:

  意境两忘,物我一体,高蹈乎八荒之表,而抗心乎千秋之间。

  我从前初读这首词时,觉得作者自许不免过高,如论意境,也只有"失行孤雁"二句沉痛凄厉。去夏过武昌,和友人谭蜀青君谈到这首词,他也只赞赏前段。并且说后段才情不济，有些硬凑。后来我再稍加玩索，才觉悟谭君和我从前所见的都是大错。这首词本不甚难，但是略一粗心，差之毫厘，便谬以千里，从此可见读诗之难。

这首词容易被人误解。因为前后两段所描写的是两幅相反的图画，两种相反的情感。它仿佛是两幕戏，前幕布景是风云惨黯，江湖寥落，角色是孤雁，剧情是"失行"和"逆风飞"。全幕空气极阴沉，情调也极凄惨。后幕布景由黯云荒野一变而为高堂华烛，角色是公子丽人，剧情是烹雁欢宴，全幕空气极浓丽，情调也极快活。这两幕戏中以前幕为较易了解，因为它完全是正写，它只有一种功用，就是把孤雁的凄凉身世写出来。后幕则完全是侧写，好比项庄舞剑，意在沛公，表面上虽是渲染公子丽人的欢乐，骨子里则仍反映孤雁的悲剧。这一点反映容易被粗心人忽略，但是它是全词的精彩所在，因为它，前段显得更凄惨，后段显得很深微曲折。此种写法类似莎士比亚在悲剧中穿插喜剧而实有不同。"悲喜杂剧"中的喜剧功用在暂时和缓高度的紧张，这首词则以欢宴收场，并非一种穿插，它的功用全在以乐境反衬悲境，好比画事以浓阴反衬强光一样。单论后段本身，它完全是一种乐境，但是因为摆在前段旁边，两两相形，它反而比前段更深刻沉痛。如果没有感到"今宵欢宴胜平时"句的深刻沉痛，就完全失去这首词的妙处了。

　　友人废名君有一次来闲谈，提起六朝文学，他告诉我说："你别看六朝人的辞藻那样富丽，他们的内心实有一种深刻的苦痛。"这句话使我非常心折。六朝人的辞藻富丽，谁都知道。他们的内心苦痛，稍用心体察的人们也可以见出。废名君的灵心妙悟在把他们的辞藻富丽和内心苦痛联在一起说，仿佛见出这两件事有因果关系。我当时没有问废名君，依他看，这种关系究竟如何。依我揣想，尼采对于古希腊人所说的"由形象得解脱"也许可以应用到六朝人。辞藻富丽是他们拿来掩饰或回避内心苦痛的。他们愈掩饰，他们的苦痛愈显得深沉。看六朝人的作品，首先要明白这一点。如果只看到辞藻富丽，那就只看到空头架子了。写到这里，我想起况周颐（1859-1926）在《蕙风词话》里批评纳兰容若的话：

　　　　寒酸语，不可作。即愁苦之音，亦以华贵出之，饮水词人，所以为重光后身也。

　　"愁苦之音，亦以华贵出之"是六朝人的妙处，是李后主和纳兰容若的妙处，也是这首词后段的妙处。前段不如后段，因为它仍不免直率，仍不免是"寒酸语"。

读李义山的《锦瑟》

诗的佳妙往往在意象所引起的联想,例如李义山的《锦瑟》:

> 锦瑟无端五十弦,一弦一柱思华年。
> 庄生晓梦迷蝴蝶,望帝春心托杜鹃。
> 沧海月明珠有泪,蓝田日暖玉生烟。
> 此情可待成追忆,只是当时已惘然!

全诗精彩在五、六两句,但这两句与上下文的联络似不甚明显,尤其是第六句像是表现一种和暖愉快的景象,与悼亡的主旨似不合。向来注者不明白晚唐诗人以意象触动视听的技巧,往往强为之说,闹得一塌糊涂。他们说"玉生烟已葬也,犹言埋香瘗玉也","沧海蓝田言埋韫而不得自见""五、六赋华年也""珠泪玉烟以自喻其文采"(见朱鹤龄《李义山诗笺注》,萃文堂三色批本)。这些说法与上下文都讲不通。其实这首诗五、六两句的功用和三、四两句相同,都是表现对于死亡消逝之后,渺茫恍惚,不堪追索的情境所起的悲哀。情感的本来面目只可亲领身受而不可直接地描写,如须传达给别人知道,须用具体的间接的意象来比拟。例如,秦少游要传出他心里一点凄清迟暮的感觉,不直说而用"杜鹃声里斜阳暮"的景致来描绘。李义山的《锦瑟》也是如此。庄生蝴蝶,固属迷梦,望帝杜鹃,亦仅传言。珠未尝有泪,玉更不能生烟。但沧海月明,珠光或似泪影,蓝田日暖,玉霞或似轻烟。此种情景可以想象揣摩,断不可拘泥地求诸事实。它们都如死者消逝之后,一切都很渺茫恍惚,不堪追索;如勉强追索,亦只"见长安见尘雾",仍是迷离隐约,令人生哀而已。四句诗的佳妙不仅在唤起渺茫恍惚不堪追索的意象,尤在同时能以这些意象暗示悲哀,"望帝春心"和"月明珠泪"两句尤其显然。五、六句胜似三、四两句,因为三、四两句实言情感,犹着迹象,五、六两句把想象活动区域推得更远、更渺茫、更精微。

  一首诗的意象好比图画的颜色阴影浓淡配合在一起,烘托一种有情致的风景出来。李义山和许多晚唐诗人的作品在技巧上很类似西方的象征主义,都是选择几个很精妙的意象出来,以唤起读者多方面的联想。这种联想有时切题,也有时不切题。就切题的方面说,"沧海月明"两句表现消逝渺茫的悲哀,如上所述,但是我们平时读这两句诗,常忽略过这切题的一方面,珠泪玉烟两种意象本身已很美妙,我们的注意力大半专注在这美妙意象的本身。

从这个实例看,诗的意象有两重功用,一是象征一种情感,一是以本身的美妙愉悦耳目。这第二种功用虽是不切题的,却自有存在的价值。《诗经》中的"兴"大半都是用这种有两重功用的意象。例如"何彼秾矣,唐棣之华。曷不肃雝?王姬之车";"燕燕于飞,差池其羽,之子于归,远送于野";"蒹葭苍苍,白露为霜,所谓伊人,在水一方"……诸诗起首二句都有一方面是切题的,一方面是不切题的。

与梁实秋先生论"文学的美"

实秋兄：

　　许多朋友都谈到你在《东方杂志》新年号所发表的《文学的美》，老早就想拜读，一直到今日才能读到。在费许多力找到一册《东方杂志》之后，你说得很斩截，一点不含糊，我读了觉得很痛快。你所谈的问题在我心里也盘桓了好久，我的意见也经过几番冲突。就现在说，我对于尊见有相同也有不相同的地方。意见不同，参较起来，往往顶有趣。所以我写这封信来和你一起商量。

　　你那篇文章有三个要点：

　　一、"美学的原则往往可以应用到图画、音乐，偏偏不能应用到文学上去，即使能应用到文学上去，所讨论的也只是文学上最不重要的一部分——美。"

　　二、"文学的美只能从文字上着眼。"文字的美不外音乐的美和图画的美，而这两种美在文学上都有限度，所以"美在文学里的地位是不重要的"。

　　三、文学的题材是"人的活动"，"文学家不能没有人

生观,不能没有思想的体系。因此文学作品不能与道德无关"。"若是读文学作品而停留在美感经验的阶段,不去探讨其道德的意义,虽然像是很'雅',其实是'探龙颔而遗骊珠'"。"文学是道德的,但不注重宣传道德"。

这三个要点又可归纳到一个基本观念里去——"文学的道德性","类型"不能混淆,文学所以特异于其他艺术就是它的道德性。其他艺术可以只是美,而在文学中美并不重要,最重要的是道德性。

"摘句"不是妥当的办法,你提出很多的例证说明你的基本主张,要完全明白你的意思,自然要读你的原文全豹。不过我希望在这个提要里我没有误解你的学说,我现在分条陈述鄙见,聊供参较。

一、美学原理是否可以应用在文学上呢?你的意思是:美学要"分析快乐的内容,区别快乐的种类",而文学批评"最重要的问题乃是'文学应该不应该以快乐为最终目的';这'应该'两个字是美学所不过问而是伦理学的中心问题,所以文学批评与哲学之关系,以对伦理学为最密切"。你的意思是要着重"自然科学"与"规范科学"的分别,这是对的;你把美学看成"自然科学",这也是对的。不过你如果以为文学批评和伦理学只能是"规范科学"而不能同时是"自然科学",恐怕有点问题。伦理学已从"规范科学"

逐渐转为"自然科学",文艺批评好像也有这种趋势。这就是说,它们不仅坐在太师椅上用严厉的口吻叫人"应该如此不应该如彼",而同时也用自然科学方法证明"事实是如此如此"。你自己在那篇文章里就常用这第二种方法。如果承认文艺批评有同时是"自然科学"的可能,我想它和美学的关系或不如你所说的那样不重要。因为美学的功用除你所说的"分析快乐的内容,区别快乐的种类"之外还要分析创造、欣赏的活动,研究情感、意象和传达媒介的关系,以及讨论一种作品在何种条件之下才可以用"美"字形容;而这些工作也是文艺批评所常关心的,每个重要的批评家——从希腊时代到现代——都可以为例证。《文学的美》的作者也似乎因文学批评而牵涉美学问题,我以为美学和文艺批评确实有一个重要的异点,但是它不在一个是"自然科学",一个是"规范科学",而在一个是"纯粹科学"(美学),一个是"应用科学"(文艺批评)。文艺批评不能不根据美学,正犹如应用科学不能不根据纯粹科学。

二、文学的美是否只能从文字上着眼呢?这要看"美"怎样讲和"文字"怎样讲。"美"字不容易讲清楚,但是我觉得你所给的美的定义非常简单恰当。"一件事物在客观上须具美的条件,而欣赏者在主观上亦须具备审美的修养。有修养的人遇见一个美的条件具备的物,美感经验便可以发生"。这个定义包含三项要素：(一)物的美的条件；(二)人的审美修养；(三)人与物接触后所生的美感经验。如果离开这三要素中任何一项而去讲美，不是犯唯心主义的毛病，就是犯唯物主义的毛病，你自己在那篇文章里说得很清楚。不过在阐明你的基本学说时，你似乎放弃了你的出发点，而专从第一个要素——物的美的条件——去讲文学的美。这办法有毛病，你所举的 Birkhoff 的例子和 Perry 的例子都可以证明。物的条件的美尽管相同——如 Perry 的两个例子——而在事实上可以不是同样的美。所以你从文字所给的声音和图画两方面讨论文学的美，恐怕还是像一般分析技巧者一样，只能注意到形骸而遗去精髓。这种办法本来是你所反对的，但是你认定文学的美只能在音乐、图画上见出，恐怕要被逼走上这条路。

其次，讲到文字问题，你所说的"文学的美只能从文字上着眼"可以做两样解法：一、文学所表现的都要借文字为媒介而传达出去；要了解文学的美，一定要根据文字所传达的；二、文学所用的文字本身有某几方面可以见出美，而文学的美也一定只能从这几方面见出。前一种看法是无可辩驳的，后一种看法无疑是错误的，而且从你的文学见解看你一定以为它是错误的。但是你在说"文学的美只能从文字上着眼"时，你是指哪一种解法呢？你说，文字包含声音、图画、情感经验,人生社会现象,道德意识等三要素。在这三要素之中,你只承认声音和图画可以美,而情感经验、人生社会现象、道德意识等则"与美无关"。这样看来,你似乎在无心之中采用上述第二种解法。至少,你的"文学的美只能从文字上着眼"一句话,如果说得明白一点,应该是"文学的美只能在文字所给的一部分东西上——音乐和图画——见出"。

这一说法在你那篇文章里最为创见,也最易引人怀疑。何以情感经验、人生社会现象,以至于道德意识不能成为美感经验的对象呢?你的基本学说能否成立,就要看你对于这个问题能否回答得圆满,你在那篇文章里似乎没有给读者所期望的答复。

问题的焦点在你所说的"图画"两个字。它可以指画家的作品(picture),可以指心中的视觉意象(visual image),可以指心中的一切意象(mental image),包含视、听、嗅、味、触、运动诸器官所生的印象在内,也可以指心中一切观照的对象(object of contemplation),即一般人所说的"意境"。文学的"图画"究竟是指哪一种呢?你所说的"图画"似乎专指"视觉意象",所以说"离开视觉便无所谓意境"。不过我的一点心理学和文艺的粗浅常识令我对于这种看法起怀疑。视觉以外的器官都不能产生意象吗?文艺绝对不用视觉以外的意象吗？这一层还是小事，最大的问题是你把文学中的情感经验、人生社会现象和道德意识都认为"与美无关"。你所以达到这个结论似乎因为你想这些东西不能成为"图画"。不错，它们不能成为"视觉意象"；但是它们可以成为"观照对象"或"意境"。可以成为"观照对象"的事物都有令人觉得"美"的可能。这是柏拉图在《会饮篇》里所得的结论，后来思想家做同样看法的不可胜数。康德的名言也可以为证。他说："世间有两件事物你愈观照愈觉其伟大幽美，一是天上的繁星，一是我们心里的道德律。"一切"好"的东西都可以看成"美"的，这也是常识所给的判断，在中文里，"好"与"美"有时是同义字。你也许比我知道得更清楚，希腊文和近代德文都只有一个字（kayos 和 schǒn）公用于"好"与"美"。在英文里"好"（good）和"美"（beautiful）虽分开，有时也可以互代。法文的"好"（bon）和"美"（beau）也是如此。你在那篇文章末尾引《创世纪》第一段说"有人曾指陈：上帝看光是好的，没有看光是美的……虽是神话，可深长思"。我不懂希伯来文，不知"好"字在原文中所有的分寸，不过就语气而论，我觉得这里"好"字并不必是专指"善"或专指"美"，而是同时指"善"又指"美"的，也许指"美"的成分还更多。

你的文学的图画观还逼你走上另一种可使人认为危险

的路,就是否认长篇作品可以当作一个完整的"意境"看。你说,"像日本芭蕉的俳句……寥寥十余字,画出一个完美的意境。长了便不行……莎士比亚的伟大的悲剧……谈不到什么意境。顶多我们只可以摘句,说某某佳句有好的意境;若就整个的来讲,其意义当别有所在……所谓意境在伟大作品里永远是点缀而已。"你和我都同样地爱好"古典"。你在这里似乎放弃了"古典主义"一个基本信条——艺术的有机的完整性。这层姑且不说,且信任常识。我们不能把莎士比亚的《李尔王》或是弥尔顿的《失乐园》看作一座伟大的建筑,在心中造成一个丰富而完整的意象,而觉得它的部分与部分以及部分与全体互相映衬,互相撑持,互相调和吗?就拿图画来作比,我们不能把它看作一幅长手卷或是一间大壁画,而觉到它前后左右景物的承接、阴阳照应、气魄贯注吗?前人本有"诗不宜长"的说法,爱伦·坡和你同样想,你所攻击的克罗齐也和你同样想。不过他们所以为不能延长持久的是情感,而你所指的是"图画",是"意境"。情感和意境本相联,不过情感能否延长持久和意境能否延长持久似为两个不同的问题。把你的学说推到它不可免的结论,欣赏长篇作品就成为不可能的事了。

三、"文学家不能没有人生观,不能没有思想的体系,因此文学作品不能与道德无关。"在这个基本问题上我和你的态度是完全一致的。不过你以为"与道德有关"是文学所以异于其他艺术的。你在第一段里说,看一幅画,我们只能说"美";看一篇文学作品,我们不能只说"美",还得说"好"。你在最后一段里说,"文艺虽是艺术而不纯是艺术,文学和音乐、图画是不同的",所谓的"不纯是艺术"者则在"文学家不能没有人生观,不能没有思想的体系,文学作品不能与道德无关"。请问:站在同样的立场上,我们不能说其他艺术家也有同样的需要吗?想一想中世纪及文艺复兴时代的艺术全部,想一想贝多芬的乐曲,想一想中国所流行的文人画,我们可以说这些和文学的不同在它们"与道德无关"吗?在它们的作者"没有人生观和思想的体系"吗?

其次,文艺是否有关道德是一个问题,文艺应否有意宣传道德又是另一个问题,你分辨得很清楚,但是你说读者读任何作品都必"探讨其道德的意义",我也颇怀疑。作者既不必"宣传道德",读者何以必须在他的作品中"探讨其道德的意义"呢?而且"与道德有关"和"有道德的意义"似也微有分别。一个作品可以"与道德有关"(就其为人生观及产生影响而言)而没有"道德的意义"(就其不宣传道德教训而言)。你提起莎士比亚,我想来想去,除了他对于人生观照深广冷静而外,想不出他的哪一部作品里有所谓的"道德的意义"。我相信我可以在无形中从读他的作品而得到道德的影响,但是我不能在他的任何作品里探讨出一个可以明白地叙述出来的"道德的意义"。不过关于这一层,我很愿自招愚昧。我只是提出一个愚昧者的疑问,不敢下什么结论。

话说得太冗长了,我现在把我的意见总束起来。维护文学的"道德性",我和你同样地热心。我们所不同者:(一)你以为"道德性"是文学与其他艺术的相异点,文学不纯粹的是艺术,我以为它是一切艺术的共同点,文学是一种纯粹的艺术;(二)你以为"道德性"在文学中是超于美的,我以为它在文学中可以成为美感观照的对象,"真"与"善"可以用"美"字形容,正犹如"美"可以用"真"字或"善"字形容;(三)因为上述两种分歧,你所谓的"美"意义比较狭窄,专指文字所给的音乐和图画,所以你认为"美"在文学中最不重要;我所谓的"美"含义较广,指文字所传达的一切——连情感思想在内,所以我认为"美"在文学中的重要不亚于其他艺术。这些都是基本上的分别。至于美学原则可否应用于文学批评和长篇作品可否具完整意境两点似乎都是枝节问题。

我觉得你在《文学的美》里所提出来的是一个很重要

的问题，值得大家仔细讨论。我在这封信里所写出来的是对于这个问题的另一种看法。我很希望你能够抽出一点功夫来把它衡量一下，不客气地加以评正，专此顺颂著祺。

弟朱光潜敬启

1937 年 2 月 22 日

《望舒诗稿》

  一个"伴着孤岑的少年人""用他二十四岁的整个的心",在"晚云散锦残日流金"的时候,"行在微茫的山径",看他自己的"瘦长的影子飘在地上","像山间古树的寂寞的幽灵"。那时寒风中正有雀声,他向那"同情的雀儿"央求:"唱啊,唱破我芬芳的梦境!"他抬头望见白云,心里像有什么像白云一样地沉郁,"而且要对它说话也是徒然的,正如人徒然向白云说话一样"。到"幽夜偷偷地从天末来"时,他对"已死美人"似的残月唱"流浪人的夜歌",祝他自己"与残月同沉"。他是一个"最古怪的"夜行者,"戴着黑色的毡帽,迈着夜一样静的步子"。他"走到了嚣嚷的酒场,不想回去,好像在寻找什么"。他低声向"飘来的一丝媚眼"说,"不是你","然后跟跄地又走向他处"。回到家时,他抱着陶质的烟斗,静听他的记忆"老讲着同样的故事",或是看他的梦"开出娇妍的花","金色的贝吐出桃色的珠";或是坐在"憧憬之雾的青色的灯"下"展开秘藏的风俗画"。这种幸福的夜不是没有它的灾星。他会整夜地做"飞机上的阅兵式",看"每个爱娇的影子""列成桃色的队伍",寻不着"什么地方去喘一口气"。

像一般少年,他最留恋的是春与爱。"春天已在斑鸠的羽上逡巡着了",他"撑着油纸伞,独自彷徨在悠长又寂寥的雨巷","希望逢着一个丁香一样地结着愁怨的姑娘"。他问路上的姑娘要"那朵簪在发上的小小的青色的花",或是和她唱和"残叶之歌",或是款步过那棵苍翠的松树,"它曾经遮过你的羞涩和我的胆怯",或是邀她坐在江边的游椅上说:"啮着沙岸的永远的波浪,总会从你投出着的素足撼动你抿紧的嘴唇的。"但是他也经过爱的一切矛盾,虽是"一个可怜的单恋者",当一个少女开始爱他的时候,他"先就要栗然地惶恐",他告诉愿"追随他到世界的尽头"的人说:"你在戏谑吧!你去追平原的天风吧!"

他是"一个怀乡病者",他常"渴望着回返到那个如此青的天"。"小病的人嘴里感到莴苣的脆嫩,于是有了家乡小园的神往"。但是他有时自慰:"因为海上有青色的蔷薇,游子要萦系他冷落的家园吗?还有比蔷薇更清丽的旅伴呢。"因为他有怀乡病,对同病者特别同情。百合子向他微笑着,"这忧郁的微笑使他也坠入怀乡病里"。

这"辽远的国土的怀念者"原来是"青春和衰老的集合体"。他感觉最深刻的是中年人的悲哀。他"只愿在春天里活几朝",而他"心头的春花已不更开"。他"知道秋所带来的东西的重量"。从前在他耳边低声软语着"在最适当的地方放你的嘴唇"的,他已经记不清是樱子还是谁了。他自觉得是在唱"过时"的歌曲:

> 老实说,我是一个年轻的老人了:
> 对于秋草秋风是太年轻了,
> 而对于春月春花却又太老。

这是《望舒诗稿》里所表现的戴望舒先生和他所领会的世界。这个世界是单纯的,甚至可以说是平常的,狭小的,但是因为是作者的亲切的经验,却仍很清新爽目。作者是站在剃刀锋口上的,毫厘的倾侧便会使他倒在俗滥的一边去。有好些新诗人是这样地倒下来的,戴望舒先生却能在这微妙的难关上保持住极不易保持的平衡。他在少年人的平常情调与平常境界之中吐露出一股清新空气。他不夸张,不越过他的感官境界而探求玄理;他也不掩饰,不让骄矜压住他的"维特式"的感伤。他赤裸裸地表现出他自己——一个知道欢娱也知道忧郁的,向新路前进而肩上仍背有过去的时代担负的少年人。他表现出他的美点和他的弱点,他的活泼天真和他的彷徨憧憬。他的诗在华贵之中仍保持一种可爱的质朴自然的风味。像云雀的歌唱，他的声音是触兴即发，不假着意安排的。

戴望舒先生最擅长的是抒情诗，像一切抒情诗的作者，他的世界中心常是他自己。他的《诗稿》中除掉一两首可能例外，如《妾命薄》之类，似全是他自己的生活片段集锦。在感觉方面他偏重视觉，虽然他论诗主张"诗不是某一官感的享乐"；在情感方面他集中于"桃色的队伍"，虽然他有一位留"断指"，做纪念的朋友；在想象方面他欢喜搬弄记忆和驰骋幻想，他在"古神祠前"看他的蛛脚似的思量：

> 从苍翠槐树叶上，
> 它轻轻地跃到
> 饱和了古愁的钟声的水上。

他在烟卷上、笔杆上、酒瓶上证实记忆的存在。一般诗人以至于普通人所眷恋的许多其他方面的人生世相似乎和戴望舒先生都漠不相关。读过《望舒诗稿》以后，我们不禁要问：戴望舒先生的诗的前途，或者推广说整个的新诗的前途，有无生展的可能呢？假如可能，它大概是打哪一个方向呢？新诗的视野似乎还太窄狭，诗人们的感觉似乎还太偏，甚至还没有脱离旧时代诗人的感觉事物的方式。推广视野，向多方面做感觉的探险，或许是新诗生展的唯一路径。归根究竟，作诗还是从生活入手。

戴望舒先生所以超过现在一般诗人的，我想第一就是他的缺陷——他的单纯，其次就是他的文字的优美，诗人的理论往往不符他的实行。读完《望舒诗稿》之后看到附录的《诗论零札》，我们不免要惊讶。他的开章明义就是：

一、诗不能借重音乐，它应该丢去了音乐的成分。

二、诗不能借重绘画的长处。

他的许多新形式的尝试（如《十四行》《雨巷》《我的记忆》《烦忧》之类）和许多可爱的描写句不都是这两个原则的反证吗？

戴望舒先生对于文字的驾驭是非常驯熟自然，但是过量的富裕流于轻滑以至于散文化，也在所不免。《我的记忆》除头二段以外大半近于 prosaic，《林下小语》中的：

你到山上觅珊瑚吧，
你到海底觅花枝吧。

这类诗句虽然有它的可爱处,但也很容易流于轻易。像《生涯》里的:

> 人间天上不堪寻。
> 人间伴我惟孤苦。

和《残花的泪》里的:

> 寂寞的古园中,
> 明月照幽素,
> 一枝凄艳的残花
> 对着蝴蝶泣诉。

这类似乎太带旧诗气味了。在《乐园鸟》中,亚当夏娃被逐的花园据说是在"天上",似亦有斟酌的余地。不过这都是小疵。就全盘说,《望舒诗稿》的文字是很新鲜的,有特殊风格的。

读《论骂人文章》

《论语》第102期有知堂先生的一篇《论骂人文章》,写得极痛快淋漓。他的大意可以从几个警句中看出:

> 骂人的文章可以分作两大类,正如晋惠帝所问的蛤蟆叫,一是为官的,一是为私的。为私的一类……这种骂法有人称作爬梯子,或曰借头。其办法甚是简单,只要挑选社会上稍有声名的一二人,狗血喷头地痛骂一番,骂得对不对完全不成问题,只要使人家知道某人这样地被我所骂了就好……官骂本是自古有之,如历来传旨申饬即是……统制思想之举在老头儿与其儿子还是同样的爱好,于是官骂事业照旧经营下去……未开幕以前当然有些筹备,这且不谈,只看突然变动,四面总攻,其攻击不择手段,却有一定公式,这就可以认定是那个来了……谁被指定挨这官骂的有祸了!他就得准备守、战或是降,胜总是休

想……守即不理,即兵法上的坚壁清野……此最省事,只需持久。战即是回骂,当日骂之初大约觉得很痛快,自己喜得还有这样力气舞动大刀,而且每一刀都劈中敌阵的要害,却不知已着了道儿,犹如遇见鬼打墙,拳打足踢,气力用尽而墙终如故……这类集团的官骂,古有骂工之骂,今有帮行之骂,都是很厉害的,单身独客,千万注意,沾染不得。

这篇文章出世在去年冬天,当时在下读过,不禁拍案叫绝,以为论骂人文章,到此至矣尽矣。但是自己没有小心记住知堂先生的警告,这几月来像有"被指定挨官骂"的趋势。"单身独客"没有"注意"到"帮行之骂"的"厉害",殊属罪有应得。祸既临头,守呢,战呢,还是降呢?从理智说,我很能明白"坚壁清野"最省事。被骂还骂,对于骂者究竟还有相当敬意,至少是要默认他为能手。倔强的沉默不仅省事,而且也是一种最酷毒的报复。但是这一条路是在下所走不通的,因为人家对你"狗血喷头地痛骂"时而你仍兀然不动声色,冷着眼瞧着他现丑态,这需要在下所没有的幽默。至于战,这更不必谈。打笔墨官司,说得好听一点,不过是闲暇的比赛。骂人总可以找到罪状,还骂也总可以找到理由。胜负之分,只看谁有时间与气力能坚持到底,而在下既没有这种时间,又没有这种气力。无已,其出于降乎!

降既非战,又非守,既非还骂,又非不还骂;那究竟是怎样办呢?俗语有一句说:"向狗嘴巴里讨饶。"降者,"讨饶"之谓也。既云"讨"则必有词。在下的讨饶词或"降表"是为此:

骂人者啊,无论你是为官的,为私的,我十分羡慕、敬佩你,你有那么多的时间和精力。你的目的是很高尚的,英勇的,你需要战胜,征服,显得自己比人高明。你敢于上战场,好汉!你聪明,你不把你的战斗本能发泄在枪林弹雨中,那不免是要丢脑袋的玩意儿,所以你只摇动笔杆子喊"打倒""铲除";实在有势力的人你不骂,就是骂也是隐姓匿名,含沙射影,你择定的挨骂者是你的同行的冤家也只有笔杆子可以抵抗你的。他不抵抗,你自然是胜利;他抵抗,也不过是笔头回敬,你的大名也落得再显露一回,仍是荣耀。你的骂的方法也非常巧妙,狗是趁肥处咬,你却戴着放大镜找疮疤,找到了,死劲地刺它一针,所谓的"断章取义""深文周纳""吹毛求疵"都是你的惯技。为着要罪状显得凶恶一点,你不怕造一点谣言,找一点似是而非的根据,甚至被骂者本来是有根据凭证的话,你可以闭着眼睛骂他错误荒谬。比如说，人家说"《最后的晚餐》是用油彩画的"，话本是对的，你可以说："那是一种粉画的，那时根本就没有油画！"你不必有根据，只要你把话说得斩截一点，面上摆出一点自己有确凭确据的神气，那么，错处就显得在人家而不在你了。

骂人者啊，我赞扬你许多话，你看我对你多么心悦诚服，你该饶了我吧？如果还不够，让我向你说一点迂腐的话。人人都觉得自己是对的，都看不见自己的错误，老天生人，生来就让他的眼睛只朝外看。你看旁人荒谬，旁人就难免看你荒谬。是非公道自在人心，有理说理，用不着骂。理是愈平心静气地讨论愈明白的，愈逗气氛乱骂愈糊涂的。再说要打倒旁人让你自己爬起来的话，你也得拿点真货色出来，骂只能浪费你的精力。你在骂时心里不免有几分醋意，要把你的心肝宣揭出来，那就不免令人"掩鼻"。自爱自尊之道甚多，骂不一定是"抬头"的捷径。

骂人者啊，你无论如何，总得要开恩大赦，爱惜你的时间和精力啊！有如在下，胜之不武，何必呢？在下诚惶诚恐，谨奉表以闻。

研究诗歌的方法

古希腊文中没有字相当于"文学",希腊人眼中只有"诗","诗"就等于近代所谓的"文学"。配乐歌唱的短章叫作诗;长篇叙事颇类似近代小说的作品,像荷马所作的,还是叫作诗("史诗");在台上表演的描写人物行动的戏,也还是叫作诗(剧诗)。亚里士多德的《诗学》所讨论的就是文艺上的一般问题。这并不仅是因为在历史上韵文比散文早起,实在是因为诗是文学的精华,真正的文学都必有诗的特质。近代美学家颇有人主张把一切纯文学都看成诗,只承认"诗与非诗"的分别,不承认"诗与散文"的分别。我们一般人都依习惯把文学分成若干种类,诗是一种,小说、戏剧、小品文等又各是一种,于是诗与小说、戏剧等成为平行的东西。近代学问中,有人专研究小说不读诗,也有人专研究诗不读小说,研究诗歌自成一种专门的学问。其实小说、戏剧的精妙处诗歌都有,诗歌的精妙处戏剧、小说却不尽有。至少是懂得诗歌的人一定能懂得小说、戏剧,懂得小说、戏剧的人却不一定能懂得诗歌。所以我认为研究诗歌是研究一般文学的最好的入门训练,在诗歌里摸索得到门径,再进一步去研究其他种类的文学,就都不难迎刃而解了。

一般人起始读诗,多抓住几种选本,如《古诗源》《唐诗三百首》《文选》《唐宋诗醇》《古今诗选》《十八家诗钞》之类。这是一个简便的方法。入选的诗大半是人所共赏的好诗,免得读者自去沙里淘金,可以节省时力。选本大半只取各时代代表作家的代表作品,读者可以从此略见诗歌源流,然后由博返约。每一种值得读的选本都必有一个特殊观点,代表一种特殊风尚,读者可以从此寻出一个门径。这都是选本的好处。但是选本只能当作一座桥梁,不能奉为终生的圭臬。选本既各代表选者的特殊趣味,就不免偏,有时甚至不免陋。读过几种选本略窥门径之后,便须多读专集。读了一个诗人的专集,才能彻底了解他的人格,他的各篇诗中的关联,以及他的艺术的生展和转变。除了少数大诗人以外,集中都不免有坏诗。好坏都由比较见出,不读坏诗就不明了好诗之所以好,所以偶读坏诗也是一种很好的训练。好坏必须由自己真正感觉到,专读选本容易失去独立自由评判的精神,只跟着旁人说好说坏,一养成了这种奴隶心习,对于文学就不能有很高尚纯正的趣味。每个读者都应该自己选定一个选本,不管旁人的议论,把自己真心爱好的诗都选进去；而且这选本隔几年应该复勘一遍，学力渐深，见解渐正确，嗜好也必渐转变。如果一个细心而用功的读者从少至老不断地下这样的功夫，到老来把生平各时期的选目拿来比较一看，那就等于他的文艺趣味发展史。

每个大诗人都前有所承，后有所发。这便是所谓的"源流"。如果只读某一诗人的作品，不理会他的来踪去向，就绝不能彻底了解他的贡献。每一国的诗都有一个绵延贯穿的生命史，拿各时代的成就合拢来看，是一个完整的有生命的东西，中间有脉络可寻。后一代继承前一代的风气，前后贯穿，固不消说；就是后一代反抗前一代的风气，反抗的根源也是伏在前一代。并且文艺上的反抗大半是部分的，任何一时代的新文学没有完全脱去传统的影响而白手起家的。唐人尽管于六朝为革命，宋人尽管于唐人为革命，白话诗尽管于旧诗为革命，唐人仍于六朝取法，宋人仍于唐人取法，依理推，白话诗也许仍须认旧诗做祖宗。所以研究诗和研究他类文艺一样，我们必须有"历史的意识"，借明白全体来彻底明白某一部分。我们最好顺时代的次序，由古代读到现代，看出前启后的道理；再由下溯上，由现代读到古代，看出后变前的道理。经过这样顺沿和逆溯的功夫，再总观全局，我们胸中就可建造一部诗史，把其中源流派别承接转变的关系看得一目了然。每个人对于诗的"历史的意识"都应该这样地得到，才切实有用。至于一般文学史或诗史之类著作仅如导游书，未游览以前可以指点路径，既游览以后可以比较印象，至于名胜地方的真正风味必须借亲自游览去领略。

诗是最精练的情思表现于最精练的语文（语言文字），所以比其他种类文学较难了解。有些诗难在情思深微，境界迷离隐约，辞藻艰深，典故冷僻，本事隐晦。但是我们一望而知其难，便知道要费一番苦心去摸索，不至于把它轻易放过；费过一番苦心，总可以有豁然贯通的时候。真正"难"的诗倒是表面看来很平淡无奇而实在有微言妙蕴的，我们略不经意，便滑了过去，犹如佛家所说的身怀珠玉，不知其为宝而去行乞一样。最大诗人的最大成就往往就在这种平淡无奇，不易令人经意处。比如说，陶渊明比李义山难懂，虽然表面看来适得其反，就是因为这个道理。我们看诗话或批评文，常看见修养比我们深厚的鉴赏家们指出某一首或某一两句诗特加赞叹，不免惊讶：这是我们常读的诗，向来不觉得它有什么特别，原来竟有人这样激赏它！稍加玩味，我们会开始发现它果然佳妙，才恍然大悟原来是自己的粗心。这是普通的经验。它证明读诗必须极细心，也证明我们通常很粗心。读诗第一件要事是养成细心的习惯，一语不苟，一字不苟，不放过题中应有之义，更不放过言外之意。诗的领域中不许有性情浅薄的人闯入，也不许有粗心人闯入。

　　诗寓情志于景于事，表达于语文。比如"昔我往矣，杨柳依依；今我来思，雨雪霏霏"，眼见印在书上的十六字是语文，杨柳雨雪是景，来往是事，而诗人所写的对于时序变迁的感慨是情。我们读诗，第一步须透懂语文，由语文以见景事；第二步须把景事在心中融汇成一种完整的境界，由此以推见情志。懂语文大非易事，我们须明白字面的意义和字句间的声音节奏。有些诗字面意义有些艰深，我们入手，不能不虚心像一个小学生，不惜勤翻字典、类书和注释，或是请教师友，总之，不能囫囵吞枣，容许有一字一句没有透懂就放过。诗有时有本事，与作者生平或时代背景有关，在本文中或不易见出，也必须尽量地把它理得清清楚楚。这是起码的功夫。但是诗的语文最重要的成分在声音节奏，我们必须反复吟诵，把声音节奏抓住。声音节奏是情趣的直接表现，读诗如果只懂语文意义而不讲求声音节奏，对于诗就多少是门外汉。诗不仅要朗诵，而且要熟读，读熟了，一首诗就常在心中盘旋，成为自己的精神产业的一部分，可以在心中生根发芽，新的领悟会随新的人生经验源源而来，总之，它就在心中活着，而且不断地生长着。

真正的欣赏都必寓有创造,不仅是被动的接受。诗都以有限寓无限,我们须从语文所直示的有限见出语文所暗示的无限。这种"见"需要丰富的想象力。所谓的"想象"就是把感官所接受的印象加以综合填补,建立一个整个的境界出来。最重要的是视觉想象,无论读哪一首诗,"心眼"须大明普照,把它的情景事态看成一个完整境界,如一幕戏或一幅画。有时单是"看"还不够,有气味时须能嗅,有声音时须能听,有运动时须能"皮肤筋肉去感触"。比如读杜工部的《江畔独步寻花》一首七绝:"黄四娘家花满蹊,千朵万朵压枝低。流连戏蝶时时舞,自在娇莺恰恰啼。"如果在想象中眼睛没有看见那春天乡下百花盛开莺啼蝶舞的状况,鼻子没有嗅到花香和江边春天的新鲜空气,耳朵没有听见莺啼,皮肤没有觉得暄风丽日,筋肉没有体验到"压""舞""流连""自在"的风味,而且如果在想象中没有这一切见闻嗅触综合成为恰如杜工部所经历的境界,我们对于那首诗绝不能完全了解。诗主要地由感官透入心灵,如果感官活动不灵敏,接受诗的影响就比较微薄,读诗时我们也不妨随时分析,看哪些意象该用哪种感官去了解。

想象就是"设身处地",我们不但要设身处在诗所写的地位,如上例黄四娘家的花园,还要设身处在诗人的地位,拿他的身世背景和性情品格套在自己的身上,这样我们才能于想象中摸索诗人在当时当境所起的情感思想（这就是他要借诗来传给我们读者的）。设身处在诗人的地位比较困难，因为他的身世背景或无从详知，他的性情品格或不易追攀，读陶渊明的诗，自己就变成陶渊明，谈何容易！不过这是程度问题，我们就诗本身去体会，多少可以见出诗人的面目；至少在想象的同时，我们可以具有几分诗人在写诗时的风怀。我们开始研究诗，就应当常练习在这方面做功夫。况夔笙在《蕙风词话》里有一段自道学词甘苦的话可以取法：

> 读词之法，取前人名句意境绝佳者，将此意境缔构于吾想望中；然后澄思渺虑，以吾身入乎其中而涵泳玩索之。吾性是与俱浃而俱化，乃真实为吾有而外物不能夺。三十年前以此法为日课，养成不入时之性情，不遑恤也。

这套功夫需要专心致志，所谓的"用志不纷，乃凝于神"。诗必如此读，才可以钻进里面去；否则浮光掠影，如终在表面上留滞，不能领略好诗，也就绝作不出好诗来。

一切价值都由比较得来，常作比较也是读诗的一种极切要的功夫。同一诗人的诗经过细心比较，才可"见出全集各诗的关联,以及艺术技巧的生展转变"。类似的诸诗人的作品经过细心比较,才可以见出渊源影响,大体相同中的微妙分别。不同的诸诗人的作品经过细心比较,才可以见出艺术境界的丰富,或浅或深,或刚或柔,或平淡,或高华,或婉约,或豪放,各有胜境,幻化无穷。"坐井观天"在治任何学问中都很危险,偏就不免蔽,蔽就不免陋。治诗也是如此,第一要求深,第二要求广。深体会,广参较,才能养成平正通达的见识和纯正典雅的趣味。

谈到比较,我们不妨趁便一谈西方诗的研究。概括地论中西诗的优劣,一如概括地论中西文化的优劣一样,很难得公平允当。中诗有胜过西诗的地方,也有不及西诗的地方,各有胜境,很可以互相印证。就我个人的经验来说,我开始爱好中诗,领略中诗的优美,是在读过一些西诗之后。从西诗的研究中,我明白诗的艺术性和艺术技巧,我多少学会一些诗人看人生、世界和运用语文的方法。拿这一点知解来反观中诗,我在从前熟诵过的诗中发现很多的新的意味。拿从前的诗话或论诗的文章来看,我的见解有与前人暗合的,也偶有未经前人道及的。浅尝已如此,深入当有较大的收获。因此我想研究中诗的人最好能从原文读西诗(诗都不能翻译)。多读西诗或许对于中诗有更精确的认识。西诗可以当作一面镜子,让中诗照着看看自己。

谈文学选本

文学作品是读不尽的！人生有限而近代生活又极繁忙，所以对于爱好文学的人们，我们不必要求过奢，不妨容许他们取一点捷径。让每个人都接近一点文学，总比叫大多数人因书籍太多而索性不读，较胜一筹。

不过文学教育是一种精神上的享受，而不是一种知识的贩卖。比如喝茶，茶的好味道一定要喝才能知道。喝起来，每个人有每个人的滋味。每个人自己所尝到的滋味才最亲切，最真实。读一千部茶经或茶史也抵不上啜一口真正的好茶。读文学也是如此，人所读的尽管为量极少，必须真正是文学作品，而不是关于文学的"道听途说"，如文学史、文学大纲、戏剧原理、小说作法之类书籍。与其搜寻许多学术权威著作去辨明五言诗和七言诗，或是词与曲的关系和分别，不如学会真正爱好一首诗或一首词。因为这个道理，没有多少时间可读书而却爱好文学的人们，应该丢下文学史或文学大纲之类书籍，去找几部轻便而不简陋的选本来细心玩味。在选本里读者还可以和作者对面，可以和他发生亲切的契合，尝到他的作品的特殊滋味。

在读选本之前，我们须明白选本的功用和缺陷。编一部选本是一种学问，也是一种艺术。顾名思义，它是一种选择。有选择就要有排弃，这就可显示选者对于文学的好恶或趣味。这好恶或趣味虽说是个人的，而最后不免溯源到时代的风气。选某一时代的文学作品就无异于对那个时代的文学加以批评，也就无异于替它写一部历史。同时，这也无异于选者替自己写一部精神生活的自传，叙述他自己与所选所弃的作品曾经发生过的姻缘。一部好选本应该能反映一种特殊的趣味，代表一个特殊的倾向。

正因为如此，一个好选本还可以造成一种新风气，划出一个新时代。在中国，《昭明文选》《玉台新咏》《花间集》，王渔洋的《古诗选》，姚惜抱的《古文辞类纂》以及张惠言的《词选》，都曾经发生这样的功用。在西方专就英国来说，18世纪波塞主教（Bishop Percy）所选的《古英诗遗迹》，是浪漫运动的一个重要的成因。冉塞（Alkn Rainsay）的《茶桌杂抄》激动了彭斯（Robert Burns）和其他苏格兰诗人用苏格兰土语写诗。现代英国诗有回到多恩（Donne）及"哲理派"的倾向，而开这个风气的是一个选本，即谷里尔生教授（Cfierson）的《十七世纪哲理派诗选》。

初学文学者对着浩如烟海的典籍，不免觉得如置身五里雾中,昏迷不知去向。其实真正好的作家并不多,而真正好的作家的真正好的作品也往往寥寥有数。为文学训练起见,泛读不如精读,精读必须精选。最大的词人如苏东坡,集里有许多随便写成不可为训的词;最大的诗人如英国的华兹华斯,集里中年以后的许多作品大半为"才尽"之作。我们读他们的全集所得的印象远不如从精选集所得到的那样完美。有些诗人如贾长江、姜白石诸人终身在写诗,而现在所流传的他们的诗集都不过薄薄的一本,可是里面篇篇精粹,我颇疑心他们自己曾经严格地删选过。如果每个作家都像他们肯"割爱",那就无劳后人去选。不幸得很,许多大作家都有敝帚自珍的毛病,让很坏的作品摆在集里,掩盖了真正好作品的光焰。本来在文学训练中,读坏作品有时也很有益,因为好坏在相形之下才易见出。不过就一般读者说,从许多坏作品中抉择少数好作品,不但时间不允许,能力也绝不够。文学上披沙拣金的工作应该让修养深厚的学者去做。这种工作的结果就是选本。它的最大的功用在供一般人能以最少的时间和精力,得到一国文学最精华的部分所能给的乐趣。

编选本既能披沙拣金,所以选本不但能为读者开方便之门,对于作者也有整理和宣扬的效果。选某一作家的诗文,就好比替一个美人梳妆打扮,让她以最好的面目出现于世。一个诗人获得听众，有时全靠选本作媒介。一般中国读者知道陶、谢、李、杜、苏、黄，大半靠几种通俗选本。这种了解当然是不完全的，甚至是不正确的，但是究竟比毫不了解为好。选本对于不甚知名的作家的功劳尤其大。许多诗人一生只作过几首好诗，如果不借选本，就早已湮没无闻。欧洲最古的选本是《希腊诗选》，里面包含一千余年的（从公元前五世纪到公元后六世纪止）希腊文短诗。有许多诗人借这部选本以一两首短诗甚至一两句隽语而永垂不朽。在中国也有许多诗词专集的作者借《文选》《玉台新咏》《花间集》之类选本而流传到现在，一个选本可以说是文学上的博物院或古物陈列所。

选本都不免反映选者的个人好恶以及当时的风气。所以公允只是一个理想，事实上都难免有所偏向，有偏向就有缺陷。比如，英诗最通俗的选本《英诗金库》的选者生在维多利亚时代，和当时的诗人丁尼生是密友，他的选本就不免囿于维多利亚时代的不太高尚的文学趣味，对于划时代的诗人如多恩（Donne）、布莱克（Blake）诸人竟一诗不选。王荆公的《唐百家诗选》，把一般人所公认的大家如李杜诸人一律放弃，而入选作者的诗也往往不是代表作。明朝有许多唐诗选本也只是代表何、李、钟、袁那一帮人的粗疏或浮浅的趣味。从这些事实看，专靠选本也有很大的危险，那就是依傍一家之言，以一斑揣想全豹。很少有选本能把所选的作家的真正面目揭出来，一般选家都难免有些像印象派画家，从某一个角度看出某一面相，加以过分地渲染。好作品往往被遗弃，坏作品往往得滥竽。一般只知信任选本的读者不免被人牵着鼻子走，不能行使独立自由的判断。所以读选本虽是走捷径，终只能是初学入门时的一种方便。从选本中对某作家发生兴趣以后，必须进一步读全集。一般选本只是一种货样间，看得合适，你就应走进货仓里去自行抉择。

每个研究文学者对于所读的作家都应自做一个选本，这当然不必编印成书，只要有一个目录就行。学问如果常在进展，趣味会愈趋纯正。今年所私定的选目与去年的不同，前后比较，见出个人趣味的变迁，往往很有意味。同时，你可以拿自己的选目和他人的选本参观互较，好比同旁人闲谈游历某一胜境的印象，如果彼此所见相同，你会增加你的自信；否则，你也会发生愉快的惊讶，对于自己的好恶加一番反省，这是文学批评的一种有益的训练。

民国三十五年（一九四六）十一月改写旧稿

谈中西爱情诗

各国诗都集中几种普遍的题材，其中最重要的是人伦。西方关于人伦的诗大半以恋爱为中心。中国诗言爱情的当然也很多，但是没有让爱情把其他人伦抹杀。朋友的交情和君臣恩谊在西方诗中几无位置，而在中国诗中则为最常见的母题。把屈原、杜甫一批大诗人的忠君爱国忧民的部分剔开，他们的精华便已剥丧大半，他们便不成其为伟大。友朋交谊在中国诗中尤其重要，赠答酬唱之作在许多诗集中占其大半。苏李、建安七子、李杜、韩孟、苏黄、纳兰成德与顾贞观诸人的交谊古今传为美谈，他们的来往唱和的诗有很多的杰作。在西方诗人中像歌德和席勒，华兹华斯与柯勒律治，雪莱与济慈，魏尔兰与兰渡诸人虽以交谊著，而他们的集中叙朋友乐趣的诗却不常见。这有几层原因：

一、西方社会表面上虽是国家为基础，骨子里却偏向个人主义。爱情在生命中最关痛痒，所以尽量发展，以至于掩盖其他人与人的关系。说尽一个诗人的恋爱史，差不多就已说尽他的生命史，在浪漫时代尤其如此。中国社会表面上虽以家庭为中心，骨子里却侧重替国家服务（"做官"）。文人往往费大半生光阴于仕宦羁旅，"老妻寄异县"是常事。他们朝夕接触的往往不是妇女而是同僚与文字友。儒家的礼教在男女之间筑了一道很严密的防线（"闻"），当然也有很大的关系。在西方，这种防线未尝不存在，却没有那么严密。

二、西方受骑士风的影响，尊敬女子是荣耀的事，女子的地位较高，教育也较完善，在学问兴趣上往往可与男子欣合，在中国得之于朋友的乐趣，在西方可以得之于妇人女子。中国受儒家的影响，乾上坤下是天经地义，而且女子被看成与"小人"一样"难养"，"近之则不逊，远之则怨"，实际上也往往确是如此，所以男子对于女子常看作一种不得不有的灾孽。她的最大的任务是传嗣，其次是当家，恩爱只是一种伦理上的义务，志同道合是稀奇的事。中国人的人生理想向来侧重事功，"随着四婆裙"在读书人看是耻事。

三、东西恋爱观相差也甚远。西方人认为恋爱本身是一种价值，甚至以为"恋爱至上"，恋爱有一套宗教背景，还有一套哲学理论，最纯洁的是灵魂的契合，拿生育的要求来解释恋爱是比较近代的事。中国人一向重视婚姻而轻视恋爱，真正的恋爱往往见诸"桑间濮上"，潦倒无聊者才寄情于声色，像隋炀帝、李后主几个风流天子都为世诟病，文人有恋爱行为的也往往以"轻薄""失检"见讥。在西方诗人中恋爱是实现人生的，与宗教、文艺有同等功用；在中国诗人中恋爱是消遣人生的，妇人等于醇酒鸦片烟。

这并非说，中国诗人不能深于情，不过表现的方式不同。西方爱情诗大半作于婚媾之前，所以称赞美貌，申诉爱慕者特多；中国爱情诗大半作于婚媾之后，所以最好的往往是惜别、怀念和悼亡。西诗最善于"慕"，但丁的《新生》，彼特拉克和莎士比亚的商籁，雪莱的短歌之类都是"慕"的胜境。中国诗最善于"怨"，《卷耳》《柏舟》《迢迢牵牛星》、曹丕的《燕歌行》、梁元帝的《荡妇秋思赋》、李白的《怨情》《春思》之类都是"怨"的胜境。中国诗亦有能"慕"者，陶渊明的《闲情赋》是著例；但是末流之弊，"慕"每流于"荡"，如《西厢记》的"惊艳"和"酬韵"。西方诗亦有能"怨"者，罗塞蒂的短诗和拉马丁的《湖》《秋》《谷》诸作是著例；但是末流之弊，"怨"每流于"怒"，如拜伦的《当我们分手时》和缪塞的《十月之夜》。"乐而不淫，哀而不伤"，所以是诗的一个很高的理想。

中西情诗词意往往有暗合处。赫芮克的《致少女》绝似杜秋娘的《金缕曲》，丁尼生的《磨坊女》绝似陶渊明的《闲情赋》中"愿在衣而为领"一段。但是通盘计算，中西诗风味大有悬殊。如果要做公允的比较，我们须多举原作，非二三短例所可济事，而且诗不能译，西诗译尤难。我们在这里只略说个人的印象。大体说来，西诗以直率胜，中诗以委婉胜；西诗以深刻胜，中诗以微妙胜；西诗以铺张胜，中诗以简隽胜。在西方情诗中，我们很难寻出"却下水精帘，玲珑望秋月""过尽千帆皆不是，斜晖脉脉水悠悠""春衫犹是小蛮针线，曾湿西湖雨"诸句的境界；在中国情诗中，我们也很难寻出莎士比亚的《当我拿你比夏天》、雪莱的《印度晚曲》(《印度小夜曲》)、布朗宁的《荒墟中的爱》和波德莱尔的《招游》诸诗的境界。

通则都有特例。中诗虽较西诗委婉，但也有很直率的。大约国风、乐府中出自民间的情诗多自然流露。唐五代小令胎息于教坊歌曲，言情也往往以直率见深致。像"子不我思，岂无他人""愿为西北风，长逝入君怀""碧玉破瓜时，郎为情颠倒，感郎不羞郎，回身就郎抱""陌上谁家年少，足风流，妾拟将身嫁与，一生休；纵被无情弃，不能羞""须作一生拚，尽君今日欢""奴为出来难，任侬恣意怜"之类如在欧洲情诗中出现，便难免贻讥大方，而在中诗中却不失其为美妙。西方受耶稣教的影响，言情诗对于肉的方面有一种"特怖"，所以尽情吐露有一个分寸，过了那个分寸便落到低级趣味。

肉的"特怖"令西方诗人讳言男女燕婉之私，但是西方人的肉的情欲是极强旺的，压抑势所不能，于是设法遮盖掩饰，许多爱情都因为要避免宗教道德意识的裁制，借化装来表现。弗洛伊德派心理学家曾经举过许多实例。但在中国，情形适得其反。不但与宗教道德意识相冲突的爱情可以赤裸裸地陈露，而且有许多本与男女无关的事情反而要托男女爱情的化装而出现。《诗经》中许多情诗据说是隐射国事的，屈原也常以男女关系隐寓君臣遇合。像朱庆馀的"妆罢低声问夫婿，画眉深浅入时无"那一首诗表面上表示是叙新婚之乐，实际却与新婚毫无关系，我们倒很希望弗洛伊德派心理学家对此种事例下一转语。

怎样学习中国古典诗词

中国青年社约我和另外几位同志写一些介绍中国古典诗词的文章，计划是选择一些有代表性的作品，做必要的简明的注释，详加分析，把好处指点出来，帮助青年朋友们培养阅读古典诗词的兴趣和能力。我欣然接受了这个任务。因为这是一种有益的而且我也爱做的工作。青年朋友们现在都渴望把生活弄得丰富些，并且从祖国文艺传统里吸收些经验教训，来丰富自己的创作。青年朋友们要欣赏古典诗歌的希望是很深切而普遍的，只是古典诗歌对于他们多少还是一片待开垦的处女地，他们还没有摸到门径，不知道从何下手，或是怎样下手。因此，在介绍作品之前，对怎样学习古典诗词做一点一般性的入门介绍，是必要的。

中国有文字记载的诗歌，从《诗经》起，已经有两千多年的历史了。这两千多年的传统是不断发展的，一线相承而又随着时代变化的。它可以粗略地分为三个大阶段：一、周秦时代，即《诗经》《楚辞》时代，这个时代的诗歌大半来自民间，原来是与音乐、舞蹈合在一起的。因为来自民间，所以它在创作和流传上都具有很大的集体性，因为与乐舞相伴，所以它大半可歌，有一定的音律。在这一时期，四言体（四字一句）占主导地位，但变化比较多，到了《楚辞》，句子就比较长些了。二、汉魏六朝时代，这时代诗歌经过了一个大转变，一方面乐府民歌仍然保持原始诗歌的集体性与可歌性，另一方面诗成为文人的一种专业，文人也吸收了民歌的影响，但不免渐向雕琢方面走，技巧上逐渐成熟，民歌质朴的风味便渐渐减少，诗与乐舞也就渐渐分离了。在这一时期，占主导地位的音律是五言体，但是七言也渐渐起来了。三、唐宋时代，这一时期是文人诗的鼎盛时代，除了五古、七古（五言和七言不讲音义对偶的、像汉魏时代那样的诗）达到了高度的成熟之外；承继六朝的影响，五律、七律（在声音和意义上要求成一联的两句互相对仗）两种体裁也由兴起而渐趋成熟了。原来汉魏以前，诗大半伴乐，诗的音乐主要地要从乐调上见出；魏晋以后，诗既渐与乐分开，诗的音乐就要从诗的文字本身上见出了。这是六朝以后诗讲四声（平、上、去、入；上、去、入合为仄声）的主要原因。词也在这个时期由兴起到鼎盛。词本出于教坊（职业歌唱者训练的地方）。原来都有一定的乐谱，可以歌唱，后来落到文人手里，也就只是依谱填词，不一定能歌唱了。从诗的发展看，词可以说是从律诗变化来的。

后来的曲子又是词的变化。唐宋以后的诗词只能算是唐宋的余波,新的发展很少。

  这三大阶段中的作品是浩如烟海的,初学者最好先从选本入手。过去的选本也很多,但是选的人观点不同,大半不很适合现时代的需要。我们希望不久有较好的新的选本陆续出来(例如余冠英的《乐府诗选》)。在适合需要的选本出齐以前,读者不妨暂用过去几种流行较广的选本。我想到有三种卷帙不多的选本可以介绍给读者。第一种是沈德潜选的《古诗源》,选的尽是唐以前的诗;第二种是蘅塘退士选的《唐诗三百首》,选的尽是唐代各体诗;第三种是张惠言的《词选》,是唐、五代、宋词的最严格的一个选本(或用唐圭璋的《唐宋词选》亦可)。这几种选本选得都相当精,分量很少。我自己去看,不用一个月就可以全看完。初学者看,时间当然要多费些。不必嫌它太少,学习一门东西有如绘画,先须打一个大轮廓,对全局发展变化有一个总的概略的认识,然后逐渐画细节,施彩色,画出一个有血有肉的生动的人物来。读了这几本选本以后,读者就可以看出哪些诗人是自己特别喜爱的,再找他们的专集去读。

  古典诗词大半是用文言写的,读者初来难免遇到一些语言的障碍。这种障碍也并不像一般人所想象的那么大,因为第一流的诗词作者所用的语言尽管精妙，总是很简洁的。有许多名著在过去都有些注本，读者遇到困难时不妨查注本，翻字典，或是请教师友。万一没有这种方便，也不要畏难而退。先找自己基本上能懂得的诗（这是很多的）去读，读多了，自然会找出一些文言的诀窍，了解的能力就会逐渐增加。凡是好的诗词都不是一下子就能懂透的。我从小就背诵过许多诗词，这些诗词我这几十年来往往读而又读，可是是否我个个字都懂了呢？绝对不是这样，有许多字义我至今还没有弄清楚，有许多诗的背景我至今还是茫然。但是这个缺陷并不妨碍我对于那些诗词在基本上能了解，能欣赏，而且能得到教益。学习的过程就是变不懂为懂，这当然需要一些时间和努力。

我们对于古典诗词不可能马上就都彻底了解，但是必须要求彻底了解。凡是诗词都是用有音乐性的语言，刻画出一个完整的具体的形象或境界（可能是景，可能是事，也可能是景与事融合在一起），传达出一种情致。读一首诗词就要抓住它的具体形象和情致。要做到这一点，单像读散文故事那样一眼看过去，还不济事。诗词往往是"言有尽而意无穷"的，须加以反复回味，设身处境地体验，才可以逐渐浸润到它的探微地方，领略到它的情感。诗词的情致是和它的有音乐性的语言分不开的，要抓住情致，必须抓住语言的音乐性（例如节奏的高低长短快慢、音色的明暗等）。语言的音乐性在默读中见不出来，必须朗读，而且反复地朗读，有时低声吟哦，有时高声歌唱。比如读一首歌（例如《歌唱我们的祖国》），只像做报告似地读是不行的，必须拖着嗓子唱出它的调子来，才能领会到它里面的情感。诗词和我们唱的歌只有一点不同：歌有一定的调子，而多数诗词或是本有一定的调子而现在已经失传，或是根本没有一定的调子，读者只能凭自己体会到的情感，在反复吟诵中把它摸索出来。这也并不是很难的事，时时注意到吟诵的节奏和色调要符合诗的情调就行了。在这过程中读者会发现他原来所体会的那点情感还是浮泛的，反复吟诵会使他逐渐进入深微的地方。中国诗词大半都不很长，择自己所爱好的诗词背诵一些，也是一种很有益的训练。

但丁的《论俗语》

　　在从公元第四世纪到十三世纪的一千年左右的漫长时期中,基督教会和封建政权结合在一起,统治了欧洲文化。当时唯一类型的学校是训练学校的学校,僧侣是唯一受到教育的等级,人民大众都被剥夺了享受文化教育的机会,连许多国王和贵族骑士也都是文盲。当时唯一的官方语言是拉丁语,基督教的《圣经》只准用拉丁译文为定本,宗教仪式和宣教的活动以及学术论著和官方来往文件都一律只用拉丁语;至于人民大众则习用本地方的"俗语",对于拉丁字一般是陌生的。所以中世纪的统治阶级和被统治阶级之间,在文化教育方面和在语言方面,界限是划分得很明显的,因而矛盾也显得特别尖锐。

　　基督教会的神权中心、来世主义和禁欲主义的教义是在希腊罗马古典文化长期扎根的地区里传播开来的。它一开始就把这种教义作为古典文化的人本主义、现世主义和多方面自由发展的思想的鲜明对立面而提出,把古典文化看作"邪教"文化,长期对它进行顽强的斗争。因此,基督教会仇视世俗文化教育，特别是世俗文艺，因为宗教性的文化教育和文艺之外，在当时所能有的世俗文化教育和文艺只能是传统深厚悠久的"邪教"的古典的一种类型。世俗文艺被认为是说谎的，挑拨情欲的，伤风败俗的，根本上违反基督教精神的，所以中世纪基督教会千方百计地禁止和摧残人民大众中的世俗文艺活动。但是人民大众对文艺的自然要求是禁止不住的，尽管基督教会对文艺极端仇视，文艺在中世纪人民大众中还是呈现了百花齐放的局面，不但在建筑、雕刻和绘画各领域都达到了希腊以后的最高峰，而且在文学方面也达到了光辉的成就。在欧洲文学史上，民间文学在中世纪处在它的黄金时代。它打破了古典传统的许多清规戒律，创造了许多新体裁和新的表现方式，特别是传奇体长篇叙事诗和民歌对后来的浪漫运动发生了深刻的影响。在内容上，中世纪民间文学对基督教会和封建统治进行了尖锐的讽刺（例如《列那狐的故事》和罗宾汉系列的民歌），对劳动人民的英勇和智慧进行了热情的表扬，对现世的美好事物表现出热烈的爱好。在语言方面，中世纪民间文学放弃了一般人民所不懂的拉丁语，运用了各地方的俗语。这是很自然的，因为大部分传奇故事和民歌都是口头流传的。这些用地方语创作的民间文学作品，就是近代欧洲各国民族文学的起源。近代欧洲国家的兴起是与资产阶级登上历史舞台这件事密切联系在一起的。资产阶级为了自己的发展，需要用各民族的地方分权来代替罗马教廷和"神圣罗马帝国"的中央集权。近代各国民族文学的兴起，也正反映出新兴资产阶级对封建统治所进行的斗争。

就是在这种历史情境之下，但丁以意大利的第一个伟大诗人的身份用近代意大利语言创作出他的划时代的大诗——《神曲》。但丁出生在佛罗伦萨，这在欧洲是手工业发达最早的一座城市，这也就是说，是资产阶级出现最早的一座城市。在这座城市里，代表封建利益的教皇党和代表新兴阶级利益的皇帝党这两大党的斗争之中，但丁是始终站在皇帝党方面的，所以他在政治上是反教廷的，代表新兴阶级进步倾向的。他用意大利文来写《神曲》这件事，也应该看作建立意大利国家和意大利民族语言这个政治意图中的一个环节。

除掉《神曲》以外，但丁还写了一部文艺理论方面的名著《论俗语》。他所谓的"俗语"，就是与教会所用的官方语言（拉丁语）相对立的各国人民大众所用的地方语言。在《论俗语》里他所要解决的是当时文学界的一个最迫切的问题，就是在放弃拉丁语之后，改用近代语言来写文学作品特别是写诗所引起的问题。但丁所面临的问题颇类似于我们在五四时代"白话"运动中所面临的问题:首先,白话(相当于但丁的"俗语")是否比文言(相当于当时教会通用的拉丁语)更适宜于表达思想情感呢?其次,白话应如何提炼,才更适合于用来写文学作品呢?这里第一个问题我们早就解决了。经验证明:只有用白话,才能使文学接近现实生活和接近群众。至于第二个问题,我们还在摸索中,它的重要性已日渐为人们所认识到,但它还不能说是……(可参看柳辉的中文节译,载《文艺理论译丛》1958年第三期,人民文学出版社)已经解决了,特别是就诗歌来说,所以但丁的《论俗语》对我们还有很大的现实意义。

在《论俗语》里但丁首先指出"俗语"与"文言"的分别,并且肯定了"俗语"的优越性:

> 我们所说的俗语,就是婴儿在开始能辨别字音时,从周围的人们所听惯了的语言,说得更简单一点,也就是丝毫不通过规律,从保姆那里所模仿来的语言。此外我们还有第二种语言,就是罗马人所称的"文言"。这第二种语言希腊人有,其他一些民族也有,但不是所有的民族都有。只有少数人才熟悉这第二种语言,因为要掌握它,就要花很多时间对它进行辛苦的学习。在这两种

语言之中，俗语更高尚，因为人类开始运用的就是它；因为全世界人都乐于用它，尽管各地方的语言和词汇各不相同；因为它对于我们是自然的，而文言却应该看成是矫揉造作的。

这样抬高"俗语"，就是要文学更接近自然和接近人民。

作为意大利人，但丁最关心的当然是意大利的"俗语"。但是当时意大利既不是一个统一的国家，也没有一种统一的民族语言。在意大利半岛上，各地区有各地区的"俗语"。在这许多种"俗语"之中，用哪一种作为标准呢？但丁把理想中的标准语叫作"光辉的俗语"。他逐一检查了意大利各地区的"俗语"，认为没有哪一种够得上标准，但是每一种都或多或少地含有标准的因素。他说，在实际上意大利的"光辉的俗语"属于所有的意大利的城市，但是在表面上却不属于任何一座城市。这就是说，标准语毕竟是理想的，它要借综合各地区俗语的优点才能形成。所以要形成这种理想的"光辉的俗语"，就要把各地区的俗语"放在筛子里去筛"，把不合标准的因素筛去，把合标准的留下。

这里我们应该谨记在心，但丁所考虑的首先是诗的语言，而且他心目中的诗是像他自己的《神曲》那样具有严肃内容和崇高风格的诗，所以他主张经过"筛"而留下来的应该是"宏伟的字"。他说："只有宏伟的字才配在崇高风格里运用。"对于"筛"的过程和去取标准，他做了如下的说明。

有些字是孩子气的，有些字是女子气的，有些字是男子气的。在男子气的字之中，有些是乡村性的，有些是城市性的。在城市性的字之中，有些是经过梳理的和油滑的，有些是粗毛短发的和乱发蓬松的。在这几类字之中，经过梳理的和粗毛短发的两类就是我们所说的宏伟的字……这两类的字才是光辉的俗语中的组成部分。

这段话需要说明两点：

首先，依但丁自己的解释，他"筛"字的标准完全看字的声音，例如，所谓的"经过梳理的字"就是"三音节或三音节左右的字，不带气音，不带锐音和昂低音，不带双子音或双嘶音，不要把两个流音配搭在一起，不要在闭止音之后紧接上流音——这类字好像带一种甜味脱出说话人的口唇"；至于所谓的"粗毛短发的字"则是一般不可缺少的单音节字，如前置词、代名词和惊叹词之类，以及为配搭三音节字而造成和谐的多音节字，但丁所举的例子之中有十一音节的长字。意大利语言的音乐性本来很强,而但丁作为诗人,对字的音乐性又特别重视。他说:"诗不是别的,只是按照音乐的道理去安排成的辞章结构。"因此,他认为诗是不可翻译的:"人都知道,凡是按照音乐规律来调成和谐体的作品,都不能从一种语言译成另一种语言而不致完全破坏它的优美与和谐。"但丁这样强调诗的语言的音乐性,是否有些形式主义呢?和近代法国"纯诗"派不同,但丁认为音和义是不可分割的,诗要有最好的思想,所以也要最好的语言。他说:"语言对于思想是一种工具。正如一匹马对于一个军人一样,最好的马才适合最好的军人,最好的语言也才适合最好的思想。"

其次,但丁所要求的诗的语言是经过筛滤的"光辉的俗语",并不符合胡适所宣扬的"作诗如说话",也不像英国浪漫派诗人华兹华斯在《抒情民歌序》里所要求的"村俗的语言"或"人们真正用来说话的语言"。他并不认为诗歌的语言是"自然流露的语言",相反地,他说:"诗和特宜于诗的语言是一种煞费匠心的辛苦的工作。"他主张诗歌应以从保姆学来的语言为基础,经过筛滤,滤去"土俗气"的因素,留下"最好的""高尚的"因素。他所采取的是"城市性"的语言,也就是有文化教养的语言。他用来形容理想的语言的字眼,除掉"光辉的"以外,还有"中心的""宫廷的""法庭的"三种。"光辉的"指语言的高尚优美,"中心的"指带有标准性,没有方言土语的局限性,"宫廷的"指城市中上层阶级所通用的,"法庭的"指准确的、经过权衡斟酌的。但丁要求诗的语言具有这些特点,是否带有封建思想的残余,轻视人民大众的语言,像17、18世纪新古典主义者所要求的那种"高尚的语言"呢?从肯定"俗语比文言较高尚"来看,从放弃拉丁文而用近代意大利文来写严肃的诗篇来看,但丁对于人民大众的语言绝对没有轻视的态度。当时宫廷垄断了文化教养,他要求诗的语言具有"宫廷的"性质,也不过要求它是具有文化教养的语言。诗歌和一般文学不仅是运用语言,而且还要起提高语言的作用。在当时近代语言还在草创的不成熟的阶段,要求语言见出文化教养,对提高语言和建立统一的民族语言实在是十分必要的。至于17、18世纪新古典主义者所要求的那种"高尚的语言",是堂皇典丽、矫揉造作的"文言",而"文言"正是但丁认为比不上"俗语"高尚的。这两种"高尚的语言"称呼虽同,实质却迥不相同。

但丁在《论俗语》里所侧重的是词汇问题,但是也顺带地讲到题材、音律和风格。他认为严肃的诗应有严肃的题材,而严肃的题材不外乎三类:他用三个拉丁字来标出这三类的性质,即 salus(安全),这是有关国家安全,如战争、和平以及带有爱国主义性质的题材；venus（爱情），这是西方诗歌中一种普遍的传统的题材；以及virtus（才德），这是有关伦理、政治、宗教和哲学各方面认识和实践的卓越品质和能力的题材。这些"严肃的题材如果用相应的宏伟的韵律，崇高的文体和优美的词汇表现出来，我们就显得是在用悲剧的风格"（"悲剧的"即"严肃的"或"崇高的"）。他把风格分为四种：（1）"平板无味的"，即枯燥的陈述；（2）"仅仅有味的"，即仅仅做到文法的正确；（3）"有味而且有风韵的"，即见出修辞的手法；（4）"有味的、有风韵的而且是崇高的"，即伟大作家们所具有的风格。这最后一种是但丁所认为最理想的。但丁讨论语言的词汇和风格时，主要是从诗歌着眼，但是他认为"光辉的俗语"也适用于散文，他之所以侧重诗，是因为诗先于散文，散文总是要向诗学习语言的运用。

语言的问题，是中世纪末期和文艺复兴时期欧洲各民族开始用近代地方语言写文学作品所面临的一个普遍的重要问题。当时创作家和理论家们都对这个问题特别关心。在《论俗语》出版（1529年但丁死后）之后二十年（1549年），法国近代文学奠基人之一，约瓦辛·杜·伯勒，在但丁的影响之下，写成了他的《法兰西语言的辩护和光辉化》（"光辉化"即提高），也是为用近代法文写诗辩护，并且讨论如何使法文日臻完善。他的问题和解决的办法与但丁的基本类似，只是杜·伯勒处在人文主义和古典主义影响较大的历史阶段，特别强调向希腊语、拉丁语借鉴。这两部书不但对于意大利语言和法国语言的统一，而且对于欧洲其他民族语言的形成和发展，都产生了很大的影响。

但丁的《论俗语》值得我们进行一些学习，因为我们的文学语言，特别是诗歌语言，还是一个有待解决的迫切问题。我们的诗人和作家们不但要使语言更好地表达他们所创造的形象，而且还有提高民族语言的一个崇高任务。《论俗语》这部著作是可以启发我们思考一些问题的，例如，诗特别要注意音调，这是否就是形式主义？

朱光潜的座右铭

恒、恬、诚、勇。①
走抵抗力最大的路!②
此身、此时、此地。③

---

①在香港大学教育系求学时,朱光潜先生以"恒、恬、诚、勇"四个字作为自己的座右铭。恒,是指恒心,即无论做人做事,都要持之以恒、百折不挠;恬,是指恬淡、简朴、克己持重,不追求物质上的享受;诚,是指诚实、诚恳、襟怀坦白、心如明镜、不自欺、不欺人;勇,则是指勇气、志气、勇往直前的进取精神。这四个字不仅集中反映了他在求学时的精神状态,而且贯穿了他的一生。朱光潜先生曾说:"这四个字我终生恪守不渝。"

②在英国爱丁堡大学学习时,朱光潜先生兴趣广泛,学过文学、心理学和哲学。经过比较和思索,他发现美学是他

最感兴趣的,是文学、心理学和哲学的共同联络线索,于是把研究美学作为自己终生奋斗的事业。当时,他的指导老师著名的康德研究专家史密斯教授竭力反对。他告诫朱光潜说,美学是一个泥潭,玄得很。朱光潜先生在认真思索后,决定迎着困难上。这时,他给自己立下这样一条座右铭:"走抵抗力最大的路!"从此,他全身心地投入到美学研究中,终于写出了《悲剧心理学》《文艺心理学》《变态心理学》等具有开创意义的论著。

③在20世纪30年代,朱光潜先生的座右铭是:"此身、此时、此地。"此身,是说凡此身应该做而且能够做的事,决不推诿给别人;此时,是指凡此时应该做而且能够做的事,决不拖延到将来;此地,是说凡此地(地位、环境)应该做而且能够做的事,决不等待想象中更好的境地。在这条座右铭的激励下,朱光潜先生不断地给自己树立新的奋斗目标,在他80多岁时,依然信心十足地承担起艰深的维柯《新科学》的翻译任务。

朱光潜的三十条人生箴言

1. 我坚信情感比理智重要，要洗刷人心，并非几句道德家言所可了事，一定要从"怡情养性"做起，一定要于饱食暖衣、高官厚禄等等之外，别有较高尚、较纯洁的企求。要求人心净化，先要求人生美化。

2. 所谓客观的态度就是把自己的成见和情感完全丢开，专以"无所为而为"的精神去探求真理。

3. 实用的态度中和科学的态度中，所得到的事物的意象都不是独立的、绝缘的，观者的注意力都不是专注在所观事物本身上面的。

4. 人所以异于其他动物的就是于饮食男女之外还有更高尚的企求，美就是其中之一。

5. 在有所为而为的活动中，人是环境需要的奴隶；

在无所为而为的活动中,人是自己心灵的主宰。

6. 走东岸时我觉得西岸的景物比东岸的美;走西岸时适得其反,东岸的景物又比西岸的美。

7. 要见出事物本身的美,我们一定要从实用世界跳开,以"无所为而为"的精神欣赏它们本身的形象。总而言之,美和实际人生有一个距离,要见出事物本身的美,须把它摆在适当的距离之外去看。

8. 艺术本来是弥补人生和自然缺陷的。如果艺术的最高目的仅在妙肖人生和自然,我们既已有人生和自然了,又何取乎艺术呢?

9. 我只知道自己,我知道旁人旁物时是把旁人旁物看成自己,或是把自己推到旁人旁物的地位。

10. 原来我们只把在我的感觉误认为在物的属性,现在我们却把无生气的东西看成有生气的东西,把它们看作我们的侪辈,觉得它们也有性格,也有情感,也能活动。

11. 艺术和宗教都是把宇宙加以生气化和人情化，把人和物的距离以及人和神的距离都缩小。

12. 如果自己觉到快感，我便是由直觉变而为反省，好比提灯寻影，灯到影灭，美感的态度便已失去了。

13. 历史的知识可以帮助欣赏却不是欣赏本身。欣赏之前要有了解。了解是欣赏的预备，欣赏是了解的成熟。

14. 印象派则以为批评应该是艺术的、主观的，它不应像餐馆的使女只捧菜给人吃，应该亲自尝菜的味道。

15. 如果你觉得自然美，自然就已经过艺术化，成为你的作品，不复是生糙的自然了。

16. 美的欣赏极似"柏拉图式的恋爱"，所谓的"柏拉图式的恋爱"对于所爱者也只是无所为而为的欣赏，不带占有欲。

17. 自然本无所谓真伪，真伪是科学家所分别出来以便利思想的；自然本无所谓善恶，善恶是伦理学家所分别出来以规范人类生活的。

18. 写实派以为美在自然全体,只要是葫芦,都可以拿来作画的模型;理想派则以为美在类型,画家应该选择一个最富于代表性的葫芦。

19. 人情化可以说是儿童所特有的体物的方法。人越老就越不能起移情作用,我和物的距离就日见其大,实在的和想象的隔阂就日见其深,于是这个世界也就越没有趣味了。

20. 人愈到闲散时愈觉单调生活不可耐,愈想在呆板平凡的世界中寻出一点出乎常轨的偶然的波浪,来排忧解闷。

21. 一切事物都有几种看法,我所说的只是一种看法,你不妨有你自己的看法。我希望你把你自己所想到的写一封回信给我。

22. 遗传和环境对于人只是一个机会,一种本钱,至于能否利用这个机会,能否拿这笔本钱去做出生意来,则所谓的"神而明之,存乎其人"。

23. 凡是艺术家都不宜只在本行小范围之内用功夫,须处处留心玩索,才有深厚的修养。

24. 伟大的人生和伟大的艺术都要同时并有严肃与豁达之胜。

25. 情趣愈丰富,生活也愈美满,所谓人生的艺术化就是人生的情趣化。

26. 文艺像历史、哲学两种学问一样,有如金字塔,要铺下一个很宽广笨重的基础,才可以逐渐砌成一个尖顶出来。如果入手就想造成一个尖顶,结果只有倒塌。

27. 情感或出于己,或出于人,诗人对于出于己者须跳出来视察,对于出于人者须钻进去体验。

28. 格律不能束缚天才,也不能把庸手提拔到艺术家的地位。如果真是诗人,格律会受他奴使;如果不是诗人,有格律他的诗固然腐滥,无格律它也还是腐滥。

29. 不幸得很，许多大作家都有敝帚自珍的毛病，让很坏的作品摆在集里，掩盖了真正好作品的光焰。

30. 世俗文艺被认为是说谎的，挑拨情欲的，伤风败俗的，根本上违反基督教精神的，所以中世纪基督教会千方百计地禁止和摧残人民大众中的世俗文艺活动。